SCHÄTZE
DER NATUR

Die Deutsche Nationalbibliothek verzeichnet diese Publikation in der Deutschen
Nationalbibliografie. Detaillierte bibliografische Daten sind im Internet über
http://dnb.d-nb.de abrufbar.

3 2 1   C B A

Deutsche Ausgabe © 2016 Ravensburger Buchverlag Otto Maier GmbH,
Postfach 1860, 88188 Ravensburg
Alle Rechte, auch die des auszugsweisen Nachdrucks, der
fotomechanischen Wiedergabe und der Übersetzung vorbehalten.

Titel der Originalausgabe: Natural World. A Visual Compendium of Wonders from Nature
Rechte der Originalausgabe: © Aurum Press Ltd 2016,
74-77 White Lion Street; London N1 9PF
Copyright Text © Amanda Wood & Mike Jolley
Copyright Illustrationen © Owen Davey

Übersetzung: Dr. Wolfgang Hensel
Umschlaggestaltung: Maria Seidel, atelier-seidel.de

ISBN 978-3-473-55084-5

FSC
www.fsc.org
MIX
Papier aus ver-
antwortungsvollen
Quellen
FSC® C104723

www.ravensburger.de

SCHÄTZE DER NATUR

EIN LEXIKON ÜBER TIERE, PFLANZEN UND LEBENSRÄUME

Von Amanda Wood & Mike Jolley · Zeichnungen von Owen Davey

RAVENSBURGER BUCHVERLAG

Vorwort des Herausgebers

VON ALBERT EINSTEIN STAMMT DER BERÜHM-TE SATZ: „ICH HABE KEIN BESONDERES TALENT. ICH BIN NUR LEIDENSCHAFTLICH NEUGIERIG." Einstein hatte verstanden, dass Neugier die Triebkraft für die größten Entdeckungen, Erfindungen und Fortschritte der Menschheit ist. Jeder Mensch ist neugierig – von Geburt an wollen wir die Welt um uns herum erforschen und erklären.

Und es gibt unendlich viel Stoff für unsere Neugier, denn in den Ozeanen, Wäldern, Wüsten und Gebirgen unseres Planeten leben zahllose Tiere und Pflanzen.

Je genauer wir die Natur erforschen, desto deutlicher erkennen wir, wie unglaublich komplex sie ist. Und je besser wir die Zusammenhänge verstehen, desto deutlicher zeigt sich, wie stark Lebewesen voneinander und von ihrer Umwelt abhängig sind. Alle Lebewesen der Natur sind untrennbar miteinander verbunden.

Heute wissen wir, dass Tiere und Pflanzen nur überleben, wenn sie sich in Aussehen, Verhalten und Fortpflanzung an ihre Umwelt anpassen – vom Beginn des Lebens auf der Erde über viele Millionen Jahre bis heute. Jedes Blatt, jede Feder erfüllt perfekt eine bestimmte Aufgabe und fügt sich harmonisch in die Natur ein. Dieses Buch hilft dir, diese wechselseitigen Beziehungen zu verstehen – die Natur ist außerordentlich einfallsreich und vielseitig. Der große Mark Twain hat gesagt: „Die Wirklichkeit ist seltsamer als die Dichtung." Du brauchst dir nur das Schnabeltier auf Seite 84 anzusehen oder die „Wesen der Tiefsee" auf Seite 93, dann verstehst du, was er meinte! Leider ist es auch eine schreckliche Wahrheit, dass wir Menschen die Natur gefährden, obwohl wir gerade erst beginnen, ihre größten Geheimnisse aufzuklären. Gehe auf eine Expedition durch die Seiten dieses Buches und du wirst verstehen, warum die Natur deine unendliche Neugier verdient.

Inhalt

Beispiel 1

Folge den Pfeilen und Nummern …

Beispiel 2

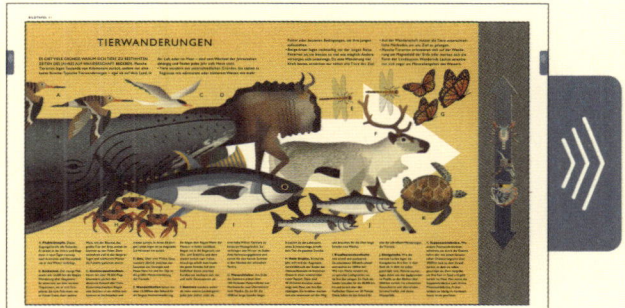

Einleitung

IN DIESEM BUCH SIND UNTERSCHIEDLICHE LESEREISEN MÖGLICH, auf denen du mehr über die Natur und ihre zahlreichen, wunderbaren Lebewesen erfährst.
Jede Tafel trägt eine Farbmarkierung, die das Thema der Seite verdeutlicht:

 Gelbe Tafeln erklären Lebensräume oder die Umwelt.

 Orangefarbene Tafeln stellen Tier- oder Pflanzengruppen, aber auch einzelne Tier- und Pflanzenarten vor.

 Blaue Tafeln befassen sich mit Tierverhalten oder besonderen Anpassungen, mit denen Tiere in einer bestimmten Umgebung überleben.

Du kannst vorne anfangen und das Buch von Anfang bis Ende durchlesen. Die farbigen Bändchen sind Lesezeichen, damit kannst du die Seite, die du gerade liest, oder interessante Stellen für später markieren.
Du kannst das Buch aber auch irgendwo öffnen (wenn du willst, auch ganz hinten) und dann den farbigen Pfeilen am rechten oder linken Rand der Doppelseite zu anderen Bildtafeln folgen, die in einer interessanten Beziehung zu der gerade gelesenen Seite stehen.
Sei neugierig, folge den Pfeilen und mache jede neue Lesereise zu einem Abenteuer.

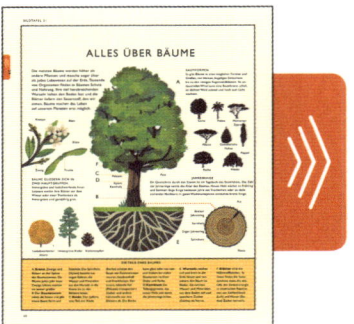

WUNDER DES LEBENS

AUF DER WELT WIMMELT ES VON LEBEWESEN – von riesigen Walen bis zu den kleinsten Käfern, von Mammutbäumen bis zu bunten Pilzen. Auch wenn sie sehr unterschiedlich aussehen, haben die meisten Pflanzen und Tiere viele Eigenschaften gemeinsam.

BEWEGUNG

Die meisten Tiere unterscheiden sich in einer Eigenschaft von allen anderen Lebewesen: Sie können sich aktiv bewegen, zumindest Teile ihres Körpers. Sie passen ihre Bewegungen dem Lebensraum an: Fische schwimmen, Vögel fliegen und viele Tiere laufen oder rennen, wie wir Menschen. Das gilt für fast alle Landtiere. Einige Wassertiere, wie die Korallenpolypen, bewegen sich aber nur als Jungtiere, während die Erwachsenen festsitzen. Ihre Körperteile werden nur von der Strömung bewegt – sie erinnern an Pflanzen.

Auch Pflanzen bewegen sich. Sie laufen zwar nicht herum, richten aber die Blätter zum Licht, öffnen die Blüten zur Sonne, oder schieben ihre Wurzeln durch die Erde zum Wasser.

FORTPFLANZUNG

Bei allen Lebewesen ist der Fortpflanzungstrieb einer der stärksten Instinkte. Tiere können noch so erfolgreich sein – sie fressen, wachsen und überleben –, doch ohne Nachkommen würde ihre Art von der Erde verschwinden. Tiere pflanzen sich unterschiedlich fort. Manche bringen lebende Junge zur Welt, andere legen Eier und wieder andere, wie Schwämme, Quallen oder Polypen bilden eine Knospe, die sich vom Muttertier ablöst. Auch Pflanzen vermehren sich unterschiedlich: Die meisten streuen Sporen oder Samen aus (die Eicheln der Eichen sind beispielsweise Samen), bei anderen trennen sich Teile von Sprossen oder Wurzeln ab.

REAKTION AUF REIZE

Im Vergleich mit anderen Lebewesen haben die meisten Tiere sehr komplizierte Sinnesorgane und reagieren auf Reize, die sie aus der Umwelt empfangen.

Schon sehr einfache Lebewesen reagieren auf ihre Umwelt – sie schnappen nach Nahrung oder schrecken vor Feinden zurück. Tiere mit Nervensystemen gehen einen Schritt weiter. Sie lernen aus Erfahrungen, passen ihr Verhalten oder Aussehen an, um ihre Erfolgschancen zu verbessern. Das können nur Tiere.

Pflanzen reagieren auf einfache Reize, sie schieben ihre Wurzeln zum Wasser oder strecken sich mit dem Spross zum Licht.

ERNÄHRUNG

Alle Lebewesen brauchen Energie zum Leben. Pflanzen stellen mithilfe der Sonnenenergie Glukose her, die sie als Stärke in ihren Zellen speichern. Die meisten anderen Organismen müssen Pflanzen, Tiere oder beides fressen, um an die Energie zu kommen. Manche besitzen erstaunliche Fähigkeiten, um Futter zu finden, zu fangen und zu verdauen. Kühe haben vier Mägen, in denen sie dem gefressenen Gras möglichst viele Nährstoffe entziehen. Manche Schlangen verschlingen Tiere, die viel größer sind als sie selbst – die Verdauung kann Monate dauern. Und der Stoffwechsel der Spitzmäuse ist so aktiv, dass sie fast ständig etwas fressen müssen.

TOT ODER LEBENDIG

Tierzellen

Pflanzenzellen

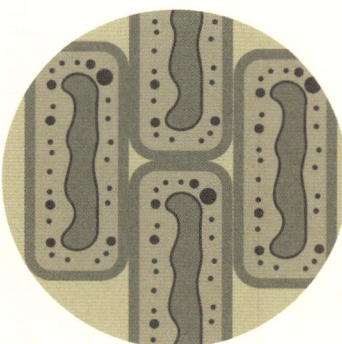

Tote Pflanzenzellen

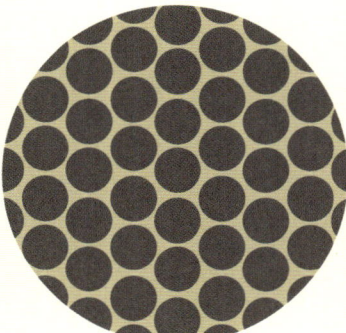

Partikel

Alle Lebewesen bestehen aus einer oder mehr Zellen. In einem Organismus arbeiten oft viele Millionen Zellen zusammen. Zellen bleiben häufig auch nach dem Tod sichtbar, beispielsweise die Zellen des Baumes im Holz eines Stuhls, oder Hautzellen im Leder eines Schuhs. Im Zusammenhang mit toten Objekten spricht man aber dann nicht mehr von Zellen, sondern von Teilchen oder Partikeln.

ATMUNG

Tiere müssen Luft ein- und ausatmen, doch die eigentliche Atmung ist eine chemische Reaktion innerhalb der lebenden Zellen – sie erzeugt die Energie. Bei Tieren reagiert der Sauerstoff der eingeatmeten Luft mit Glukose aus dem Blut und liefert die Energie, die der Körper für Wachstum, Reparaturen und Bewegung braucht. Dabei entstehen Wasser und Kohlendioxid, die aus dem Körper entfernt werden. Auch Pflanzenzellen erzeugen die nötige Energie durch die Reaktion von Sauerstoff mit Glukose.

AUSSCHEIDUNG

Bei der Atmung entsteht neben Energie auch Abfall, den der Körper entfernen muss, sonst wird er krank. Kohlendioxid scheiden Tiere beim Ausatmen über die Lungen aus, die Nieren entfernen Stickstoffverbindungen als Urin und beim Schwitzen wird Salz abgegeben. Pflanzen geben Sauerstoff und Wasser über die Blätter ab.
Der Kot, den die meisten Tiere abgeben, enthält die nicht verdauten Nahrungsreste aus dem Darm. Kot ist also kein Abfallprodukt aus dem tierischen Stoffwechsel.

WACHSTUM

Aus Babys werden erwachsene Tiere und Samen wachsen zu Pflanzen heran. Wachstum kann bei Lebewesen ganz unterschiedlich sein. Die meisten Säugetiere wachsen nur bis zum Erwachsenenalter und die Knochen mit ihnen. Wirbellose Tiere mit Außenskelett (Panzer) können nur wachsen, wenn sie das Außenskelett abstoßen und ein neues, größeres bilden. Schmetterlinge und andere Tiere verändern ihr Aussehen bis zum Erwachsenen mehrfach und vollständig (Metamorphose).

SYSTEMATIK DER LEBEWESEN

BIOLOGEN ORDNEN ALLE LEBEWESEN NACH DEM GRAD IHRER VERWANDTSCHAFT IN EINE GRUPPE EIN. Auf der Gegenseite werden solche Verwandtschaftsgruppen (Systematik) am Beispiel des Wolfes gezeigt. Tiere und Pflanzen sind mehrzellige Organismen. Sie umfassen den größten Teil aller sichtbaren Lebewesen auf der Erde und sind noch leicht zu unterscheiden. Mit jeder weiteren Untergruppe nimmt aber die Zahl der Gemeinsamkeiten zu – bis zur Art, die aus gleichen Tieren oder Pflanzen besteht. Die Wissenschaft der Einteilung und Benennung heißt Taxonomie. Sie gibt jeder Gruppe und Art einen lateinischen Namen, der auf der ganzen Welt gilt: Ob Silberlöwe, Puma, Berglöwe oder Kugar, es handelt sich immer um Puma concolor.

Da regelmäßig neue Arten entdeckt und Zusammenhänge aufgeklärt werden, geht den Taxonomen die Arbeit nicht aus. Die Natur ist aber viel zu kompliziert und vielfältig für ein von Menschen erdachtes „Schubladensystem" – manchmal sind größere Veränderungen erforderlich. So wurde in den 1980er-Jahren eine Gruppe winziger Organismen entdeckt, die Korsetttierchen oder Loricifera, für die ein eigener Tierstamm geschaffen werden musste.

STUFEN DER KLASSIFIZIERUNG
REICH
STAMM
KLASSE
ORDNUNG
FAMILIE
GATTUNG
ART

Neben bekannten Gruppen, wie Insekten oder Schnecken, gibt es unter den wirbellosen Tieren eine Menge kleiner Tierstämme. Darunter befinden sich auch mikroskopisch kleine Arten, wie Rädertierchen und Bärtierchen. Manche Stämme enthalten Tausende, andere nur eine Handvoll Arten.

WIE VIELE TIERE LEBEN AUF DER ERDE?

Bis heute wurden etwa zwei Millionen Tierarten wissenschaftlich beschrieben. Biologen gehen aber davon aus, dass wir vermutlich sieben Millionen Arten noch nicht kennen. Von den bekannten Tierarten gehören nur etwa 5% zu den Wirbeltieren. Die artenreichste Tiergruppe sind die Wirbellosen mit den Insekten als größter Untergruppe – sie haben die meisten Arten und größte Zahl von Individuen.

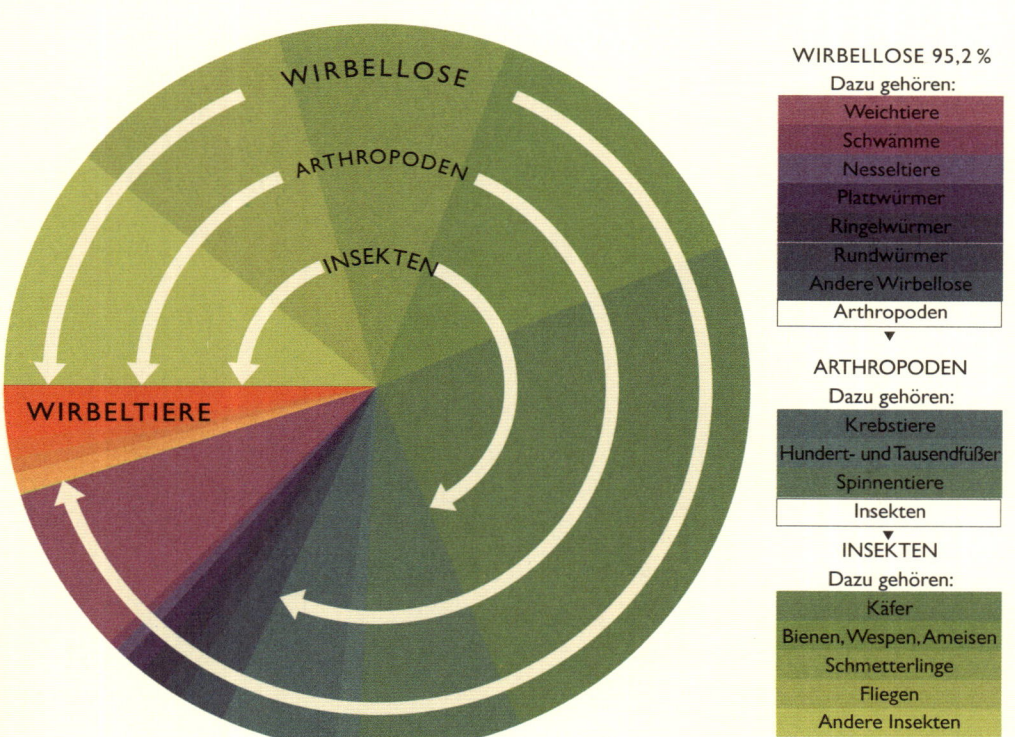

WIRBELLOSE

ARTHROPODEN

INSEKTEN

WIRBELTIERE

WIRBELTIERE 4,8 %
Dazu gehören:
Fische
Vögel
Amphibien
Reptilien
Säugetiere

WIRBELLOSE 95,2 %
Dazu gehören:
Weichtiere
Schwämme
Nesseltiere
Plattwürmer
Ringelwürmer
Rundwürmer
Andere Wirbellose
Arthropoden
▼
ARTHROPODEN
Dazu gehören:
Krebstiere
Hundert- und Tausendfüßer
Spinnentiere
Insekten
▼
INSEKTEN
Dazu gehören:
Käfer
Bienen, Wespen, Ameisen
Schmetterlinge
Fliegen
Andere Insekten

BEISPIEL: SYSTEMATIK DES WOLFES

Die Abbildung zeigt alle Gruppen des Tierreiches, zu denen der Wolf gehört.

REICH:
Animalia (Tiere)
Alle Tiere, die auf der
Erde leben, von Insekten
und Weichtieren bis zu
Vögeln und Säugetieren.

STAMM:
Chordata (Chordatiere)
Alle Tiere mit einer Wirbelsäule –
Wirbeltiere (bis auf Ausnahmen).

KLASSE:
Mammalia (Säugetiere)
Wirbeltiere, die ihre Babys säugen.

ORDNUNG:
Carnivora (Raubtiere)
Mehrere katzen- oder hundeartige Tierfamilien.

FAMILIE:
Canidae (Hunde)
Hunde und ihre nächsten Verwandten, wie Wölfe, Schakale und Füchse.

GATTUNG:
Canis (Hund)
Dazu gehören etwa zehn lebende Arten, die Hunde, Wölfe und Schakale.

ART:
Canis lupus (Wolf)
Die Art „Wolf" oder „Grauer Wolf". Manche Biologen zählen auch die Haushunde
zu dieser Art, andere ordnen sie in eine eigene Art ein *(Canis familiaris)*.
Jedes Lebewesen kann in eine ähnliche systematische Stufenfolge eingeordnet werden.

ÜBERSICHT ÜBER DAS

WISSENSCHAFTLER HABEN SCHON FAST ZWEI MILLIONEN TIERARTEN BESCHRIEBEN. Die meisten gehören entweder zu den Wirbeltieren (mit einem Rückgrat) oder den Wirbellosen (Tiere ohne Rückgrat). Pflanzen lassen sich in Blütenpflanzen und Arten ohne Blüten unterteilen. Die wichtigsten Tier- und Pflanzengruppen und ihre Einteilung sind unten aufgeführt. Im

PFLANZEN

BLÜTENPFLANZEN

Blumen

Gräser

Laubabwerfende Bäume

BLÜTENLOSE PFLANZEN

Schachtelhalme

Bärlappe

Farne

Nadelbäume

MOOSE UND LEBERMOOSE

WIRBELLOSE
(ohne Wirbelsäule)

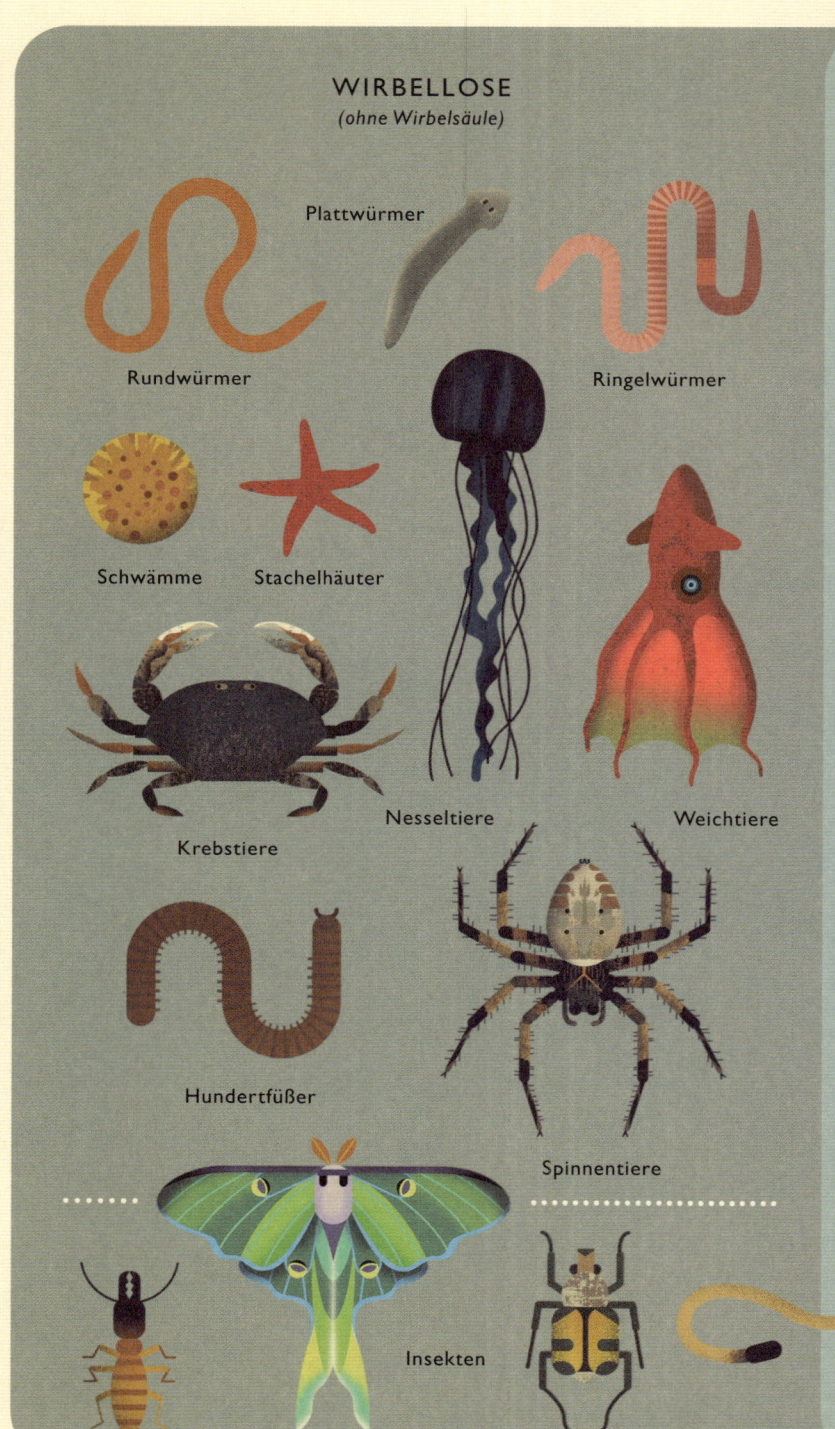

Plattwürmer

Rundwürmer

Ringelwürmer

Schwämme

Stachelhäuter

Nesseltiere

Weichtiere

Krebstiere

Hundertfüßer

Spinnentiere

Insekten

TIER- UND PFLANZENREICH

Laufe der Zeit haben Forscher die Verwandtschaftsbeziehungen der Lebewesen immer genauer aufgeklärt. Neue Entdeckungen haben dabei geholfen, die Evolution besser zu verstehen – die Entwicklung der Lebensformen im Lauf vieler Millionen Jahre. So sind manche Wirbellose näher mit den Wirbeltieren verwandt als mit anderen Wirbellosen.

TIERE

WIRBELTIERE
(mit Wirbelsäule)

Fische

Amphibien (Lurche)

Reptilien (Kriechtiere)

Vögel

Säugetiere

ANDERE LEBENSFORMEN

Einige Lebensformen lassen sich nicht in die großen Verwandtschaftsgruppen einordnen (siehe links). Früher zählten Biologen die Pilze zu den Pflanzen, heute gelten sie als eigenes Reich.

Pilze

Auch viele mikroskopisch kleine Lebewesen (einige siehe unten) bilden eigene Verwandtschaftsgruppen. Vielleicht sind sogar Viren eine eigene Lebensform, obwohl ihnen die typischen Merkmale anderer Lebewesen fehlen.

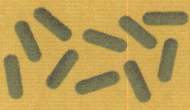

Bakterien

Einzeller    Algen

Bis heute werden völlig neue Lebensformen entdeckt, vor allem wirbellose Meerestiere. Das Korsetttierchen (unten) gehört zu dem neuen Stamm Loricifera, der erst kürzlich entdeckt wurde.

Loricifera

Material
für den
Nestbau

A

B

KIEFER

Viele Verstecke

Nistplätze
in Bäumen

G

EICHE

C

Baumrinde mit
bohrenden Käfern
und anderen
Insekten

E

F

Der Unterwuchs
bietet Schutz.

Nüsse, Samen, Knospen,
Blüten und Blätter liefern
reichlich Futter.

Im feuchten Laub wimmelt
es von Würmern und
Wirbellosen.

Kiefernzapfen

Eichel

Am feuchten Ufer trocknen Tiere
mit weichen Körpern nicht aus.

Wasser zum Trinken
und um Eier abzulegen

D

BACH

WAS IST EIN HABITAT?

DIE EINFACHSTE ÜBERSETZUNG FÜR HABITAT WÄRE „LEBENSRAUM", IN DEM EIN TIER ODER EINE PFLANZE LEBT. Habitate sind entweder groß – üppiger, tropischer Regenwald, stürmische Prärie, Korallenriff – oder ganz klein – ein faulender Baumstamm oder eine Pfütze nach einem Regen in der Wüste.

In einem weiteren Sinn umfasst ein Habitat aber nicht nur die unmittelbare Umgebung eines Lebewesens, sondern auch alle Pflanzen und Tiere, die darin leben. Solche Lebensräume werden **Ökosysteme** genannt. Jedes Ökosystem hat bestimmte Eigenschaften. Im Wald der gemäßigten Klimazone (links) finden Tiere Schutz und reichlich Nahrung, sodass hier ganz unterschiedliche

Pflanzen und Tiere leben. Aber auch an den lebensfeindlichsten Orten, in heißen Wüsten oder im Hochgebirge, findet die Natur einen Weg, um zu überleben.

Die Pflanzen und Tiere eines bestimmten Habitats haben sich im Laufe der Zeit daran angepasst und Eigenschaften entwickelt, die ihr Überleben optimal absichern. Manche Organismen sind sogar derart gut an ihre Umgebung angepasst, dass sie in anderen Habitaten überhaupt nicht überleben würden.

Die Waldlichtung hat den zahlreichen Organismen, die darin leben, viel zu bieten. Unten findest du ein paar Beispiele, wie sich Tiere anpassen, um ihr Habitat optimal zu nutzen.

A **Kreuzschnabel**. Die über Kreuz stehenden Schnabelspitzen sind ein ideales Werkzeug, um nährstoffreiche Samen aus den Kiefernzapfen zu lösen.

B **Baummarder** klettern mithilfe ihrer Krallen, die sie teilweise einziehen können, an Baumstämmen hoch und können auf Zweigen laufen.

C **Specht**. Der Schnabel im harten Schädel arbeitet wie ein Meißel. Damit hackt er Baumrinde auf der Suche nach Futter auf und höhlt Nisthöhlen in den Stamm.

D **Frösche** sind mit langen Beinen und Füßen mit Schwimmhäuten hervorragende Schwimmer. Sie fangen mit der klebrigen Zunge Wirbellose.

E **Damhirsche** sind mit dem gefleckten Fell in den Licht-Schatten-Flecken unter Bäumen gut getarnt. Die seitlichen Augen erlauben eine Rundumsicht.

F **Wildschwein**. Die gefleckten Frischlinge (Wildschweinbabys) sind im Unterholz kaum zu sehen. Sie schnüffeln und wühlen mit der langen Schnauze im Boden und graben kleine Wirbellose, Nüsse und Wurzeln aus.

G **Grauhörnchen** knacken mit kräftigen Zähnen harte Eichelschalen auf. Ihre langen Krallen helfen beim Klettern auf Bäumen und der buschige Schwanz hält die Balance im Sprung. Sie bauen Nester hoch droben im Baum.

BIODIVERSITÄT

Mit **Biodiversität** wird die Vielfalt der Lebewesen auf der Erde bezeichnet. Die Artenzahl ist in den einzelnen Habitaten sehr unterschiedlich. In Riffen oder im Regenwald wimmelt es von unterschiedlichen Arten, die hier dicht an dicht leben (hohe Biodiversität). In schwierigen Lebensräumen, wie den Polarregionen, ist die Artenzahl deutlich geringer. Während dort vielleicht nur wenige Hundert Insektenarten leben, sind es im Regenwald Millionen.

Allerdings machen manche artenarme Habitate (geringe Biodiversität) das mit hohen Individuenzahlen wieder wett. Im Ozean um die Antarktis leben zig Millionen von Krabbenfressern (Robben) – die größte Anzahl großer Säugetiere auf der Erde.

WÄLDER DER GEMÄSSIGTEN BREITEN

Hier herrscht das ganze Jahr über ein mildes Klima mit viel Regen. Die meisten Bäume werfen ihre Blätter vor dem Winter ab. Daraus bildet sich eine dicke Humusschicht, in der zahlreiche Organismen leben. In den wärmeren Regionen wachsen immergrüne Wälder.

Arten im Laubwald: Damhirsch, Dachs, Specht; Eiche, Buche, Ahorn
Arten im immergrünen Wald: Koala, Panda; Eukalyptus, Bambus

POLARES EIS UND TUNDRA

Arktis und Antarktis sind die kältesten Orte auf der Erde. Im Sommer ist es 24 Stunden lang hell, im Winter ständig dunkel. Es gibt kaum Pflanzen und nur wenige Landtiere. Dafür wimmelt es in den stürmischen Polarmeeren von Leben, von winzigem Plankton bis zu riesigen Walen.

Arten: Eisbär, Walross, Blauwal; Flechten, Moos

BILDTAFEL 5

ÖKOSYSTEME DER ERDE

DIE ERDE IST EIN KOMPLIZIERTES MOSAIK AUS ÖKOSYSTEMEN. Das liegt an den abwechslungsreichen Landoberflächen – von Hochgebirgen bis zu Wüsten, von mächtigen Strömen bis zu Binnenmeeren –, aber auch am Klima, das darüber bestimmt, welche Pflanzen und Tiere überleben können. Diese Weltkarte zeigt neun wichtige Ökosysteme, an die sich Pflanzen- und Tiergesellschaften angepasst haben.

Nördlicher Wendekreis
NORD-AMERIKA
Atlantischer Ozean
Äquator
Pazifischer Ozean
SÜD-AMERIKA
Südlicher Wendekreis

1. Wälder der gemäßigten Breiten
2. Polares Eis und Tundra
3. Heiße Wüsten
4. Gebirge
5. Grasländer
6. Nadelwälder
7. Tropische Wälder
8. Feuchtgebiete
9. Meer

NADELWALD

Typisch für diese borealen Nadelwälder oder Taiga sind kurze Sommer und lange, kalte Winter. Sie erstrecken sich im Norden von Nordamerika, Europa und Asien. Viele Tiere halten Winterschlaf, andere bleiben aktiv und leben von Vorräten, die sie rechtzeitig angelegt haben.

Arten: Braunbär, Waldohreule, Wolf; Fichte, Kiefer, Lärche

TROPISCHE WÄLDER

Am Äquator herrscht dauerhaft warmes, feuchtes Klima; es ist ideal für Pflanzen, die hier ganzjährig wachsen können. Hier herrscht die größte Biodiversität der Erde mit etwa der Hälfte aller bekannten Tier- und Pflanzenarten.

Arten: Tukan, Brüllaffe, Laubfrosch; Teakbaum, Orchideen, Lianen

3

HEISSE WÜSTEN

Es gibt zwar auch Kältewüsten, aber heiße Wüsten mit glühender Hitze und Trockenheit gehören zu den lebensfeindlichsten Orten der Erde. Obwohl dort kaum Pflanzen wachsen, haben sich viele Tiere angepasst. Sie speichern Wasser und sind nur abends und nachts aktiv.

Arten: Kamel, Springmaus, Hornviper; Kakteen

GEBIRGE

Auf etwa 25 % der Landoberfläche, in warmen und kalten Regionen, erheben sich Gebirge. Pflanzen und Tiere, die oberhalb der Baumgrenze leben, mussten sich an harte Bedingungen anpassen: geringer Sauerstoffgehalt, spärlicher Pflanzenwuchs, Trockenheit, Kälte und häufige Stürme.

Arten: Adler, Schneeleopard, Steinbock; Seggen, Flechten, Moos

4

5

GRASLÄNDER

Sie bilden sich in den Ebenen tropischer und gemäßigter Regionen, wo der Wassermangel keinen Baumwuchs erlaubt. Bis auf Gräser, die kaum Schutz bieten, wachsen dort nur wenige Pflanzen. In den tropischen afrikanischen Savannen weiden große Herden mit Pflanzenfressern – Antilopen und Gnus. Sie sind die Beute von Raubtieren, wie Löwen und Geparden, und Aasfressern, wie Hyänen und Geier.
Die Grasländer kühlerer Regionen werden Prärie (Nordamerika), Pampa (Südamerika) oder Steppe (Asien) genannt.

Arten, Tropen: Löwe, Zebra, Elefant, Strauß; Gras, Akazie
Arten, gemäßigtes Klima (Beispiele): Bison, Mungo; Gras, Mesquitestrauch, Melden

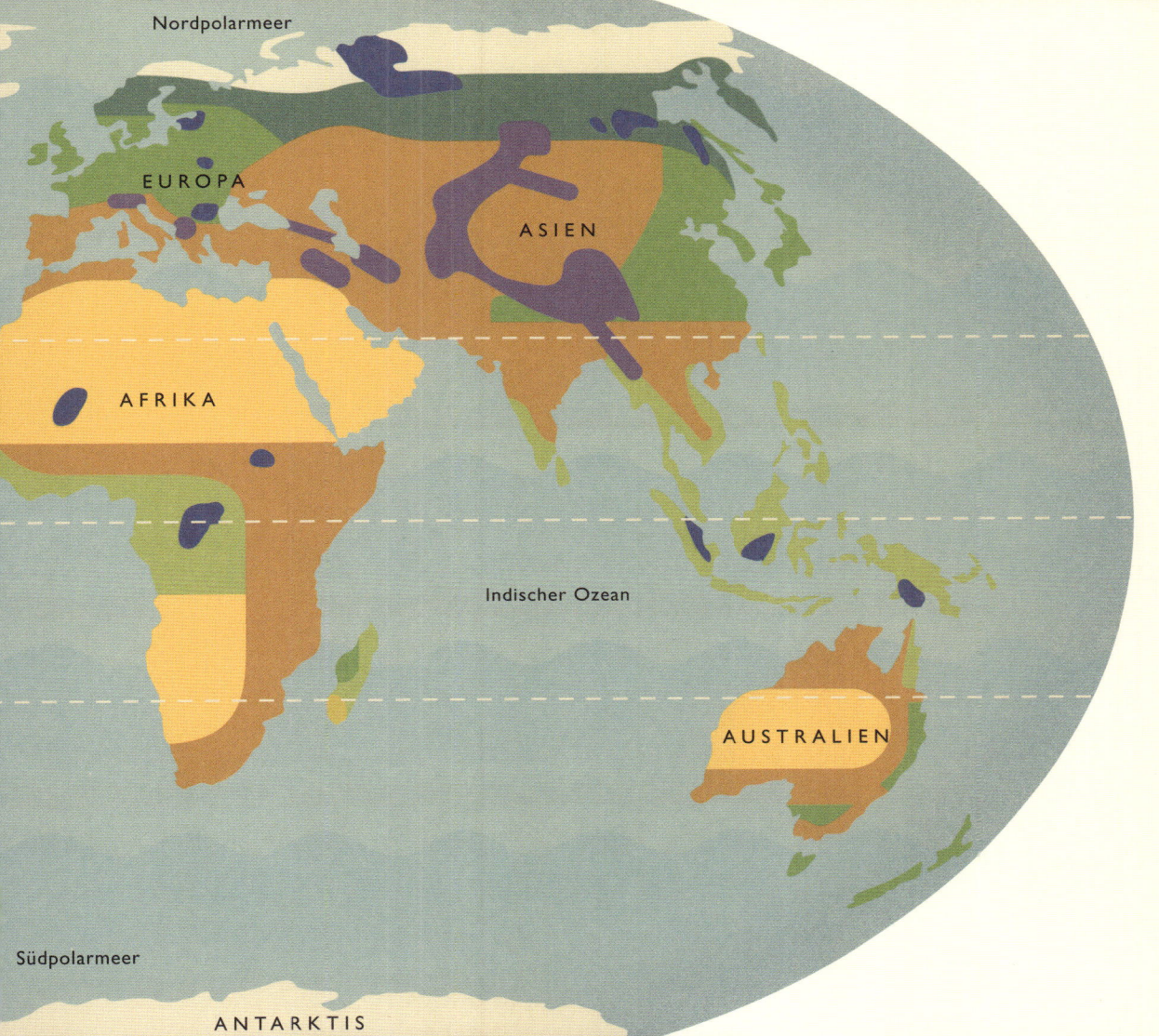

Nordpolarmeer

EUROPA

ASIEN

AFRIKA

Indischer Ozean

AUSTRALIEN

Südpolarmeer

ANTARKTIS

8

FEUCHTGEBIETE
Etwa ein Drittel des Wassers in der Atmosphäre fließt ober- irdisch zurück ins Meer. Wasser ist für alle an Land lebenden Organismen lebenswichtig, aber einige Habitate sind direkt von Wasser abhängig: Bäche im Gebirge, Flüsse, Salzmarschen und tropische Sümpfe, in denen vor allem Vögel und Insekten, aber auch viele andere Pflanzen und Tiere leben (die Karte zeigt nur die wichtigsten).

Arten: Frösche, Biber, Reiher, Hechte, Libellen; Schilf, Seerosen, Mangroven

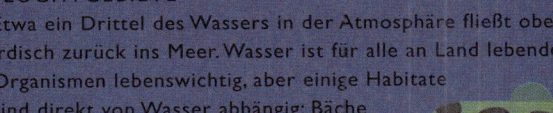
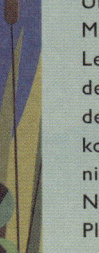

MEER

Über 70 % der Erdoberfläche sind von Meer bedeckt; hier entstand das erste Leben. In den zahlreichen Lebensräumen der Ozeane, von den Tiefseegräben bis zu den sonnendurchfluteten Korallenriffen, kommen die unterschiedlichsten Organismen vor. Doch am Anfang aller großen Nahrungsnetze des Meeres steht das Plankton.

Arten: Falterfische, Delfine, Heringe; Krill, Plankton, Tang

9

19

BILDTAFEL 6

DER KAMPF

IN DER NATUR ERFÜLLT ALLES EINEN BESTIMMTEN ZWECK. Das bunte Gefieder eines männlichen Paradiesvogels lockt Weibchen an, das Ei einer Trottellumme fällt dank seiner besonderen Form nicht von einer Klippe und das Muster auf dem Flügel mancher Schmetterlinge schreckt Feinde ab. Lebewesen haben sich in der Evolution daran angepasst, ihre Überlebenschancen durch ihr Aussehen, andere körperliche Merkmale oder Verhalten zu verbessern.

In der Evolution bilden sich Anpassungen über viele Generationen in kleinsten Schritten heraus. Es gab immer wieder einzelne Tiere, die besser angepasst waren als andere: Da eine Giraffe mit längerem Hals höher hinauf reichte, fand

UMS ÜBERLEBEN

sie auch in Notzeiten noch Futter. Sie lebte länger und bekam mehr Junge – wieder mit langem Hals.

Eine bessere Überlebenschance sichern ganz unterschiedliche Formen der Anpassung: körperliche (Form des T eres), Ver-

haltens- (Werkzeuggebrauch) oder physiologische Anpassungen (die Fähigkeit, Gifte zu bilden). Ein gut angepasstes Tier überlebt auch in Wüsten, Hochgebirgen oder anderen schwierigen Lebensräumen mit wenig Nahrung oder rauem Klima.

Auch Pflanzen passen sich an, um ihre Überlebenschancen zu verbessern: Kakteen speichern Wasser und es gibt unzählige Tricks, die Samen möglichst weit zu verbreiten. Gerade in den Anpassungen zeigt sich der Einfallsreichtum der Natur.

Flughund

Zibetkatze

Dachs

Pfeifhase

Biber

ERSTAUNLICHE SÄUGETIERE

SÄUGETIERE SIND DIE AM BESTEN BEKANNTE UND ERFORSCHTE TIERKLASSE DER WIRBELTIERE. Auch Menschen *(Homo sapiens)* gehören zur Gruppe der Säugetiere.

- Es gibt über 5000 Säugetierarten in unglaublich vielfältigen Formen und Größen. Die größten lebenden Land- und Meerestiere – der Afrikanische Elefant und der Blauwal – sind Säugetiere.
- Die ersten Säugetiere erschienen vor 195 Millionen Jahren. Es waren kleine, spitzmausartige Wesen, die sich aus frühen reptilartigen Tieren entwickelt hatten.

- Seit damals haben sich Säugetiere an viele Habitate angepasst – sie fliegen, schwimmen in Süß- und Salzwasser oder graben Tunnel in den Boden. Die meisten und unterschiedlichsten Tiere leben auf dem Land.
- Eines ihrer Erfolgsgeheimnisse ist die konstante Körpertemperatur, die sie aktiv einstellen: Säugetiere sind gleichwarme Tiere und überleben selbst in sehr heißen oder eiskalten Lebensräumen.
- Viele Säugetiere sind sehr anpassungsfähig und ändern ihr Verhalten je nach den herrschenden Umständen. Daher haben sie selbst lebensfeindliche Regionen erobert und sich von

Einhöckriges Kamel
(Dromedar)

Gnu

Eisbär

Löwe

Springmaus

Schnabeligel

Wüstenfuchs

Kleiner Panda

Erdferkel

Murmeltier

—VON KLEIN BIS GROSS

Generation zu Generation mit körperlichen Merkmalen und Verhalten besser angepasst.
• Die lebenden Säugetiere lassen sich in drei große Gruppen untergliedern: Kloakentiere (z. B. Schnabeligel und Schnabeltier), Beuteltiere (z. B. Koalas und Kängurus) und Plazentatiere – sie stellen heute die größte Gruppe.
• Bis auf die eierlegenden Kloakentiere bringen alle Säugetiere lebende Junge zur Welt. Die Babys werden mit Milch aus den Milchdrüsen der Mutter versorgt. Diese einzigartige Fähigkeit gab der Tierklasse ihren Namen.

• Der Körper der meisten Säugetiere ist von Haaren (Fell) bedeckt, das sich in Menge und Aussehen deutlich unterscheiden kann, vom dichten Fell des Eisbären über die Borsten des Warzenschweins bis zu den Stacheln des Stachelschweins.

Giraffe

Zwergfledermaus

Mendesantilope

Schneeleopard

Silbergibbon

Hirscheber

Amerikanischer Hase

Lemming

SKELETT UND SCHÄDEL

ALLE SÄUGETIERE HABEN DENSELBEN SKELETT-AUFBAU. Der lange Hals einer Giraffe besteht, wie beim Menschen, nur aus sieben Halswirbeln und das Skelett einer Katze hat die gleichen Knochen wie das der viel kleineren Maus. Allerdings können Skelette und Körper als Anpassung an Lebensweise, Habitat und Ernährung von Art zu Art unterschiedlich geformt sein.

SCHÄDEL UND ZÄHNE

Die Kiefer der modernen Säugetiere weisen einige interessante Merkmale auf. Der Unterkiefer besteht aus einem einzigen Knochen und ist mit dem Rest des Schädels verbunden. Er kann mithilfe kräftiger Muskeln vielfältig bewegt werden. Die Art der Zähne verrät etwas über die Hauptnahrung des Tieres. Kiefer und Gebiss machen Säugetiere zu sehr effizienten „Fress-maschinen".

• Die meisten Säugetiere haben vier Zahntypen: **Schneidezähne** beißen und schneiden, **Eckzähne** packen und reißen, und die Backenzähne (**Prä-molaren** und **Molaren**) zerbeißen und mahlen.
• Form, Größe und Anordnung der Zähne sind an die Art der Nahrung angepasst. Daher können Forscher aus einigen Zähnen oder Schädelbruchstücken eines ausgestorbenen Tieres viel über dessen Lebensweise und Verhalten ableiten.

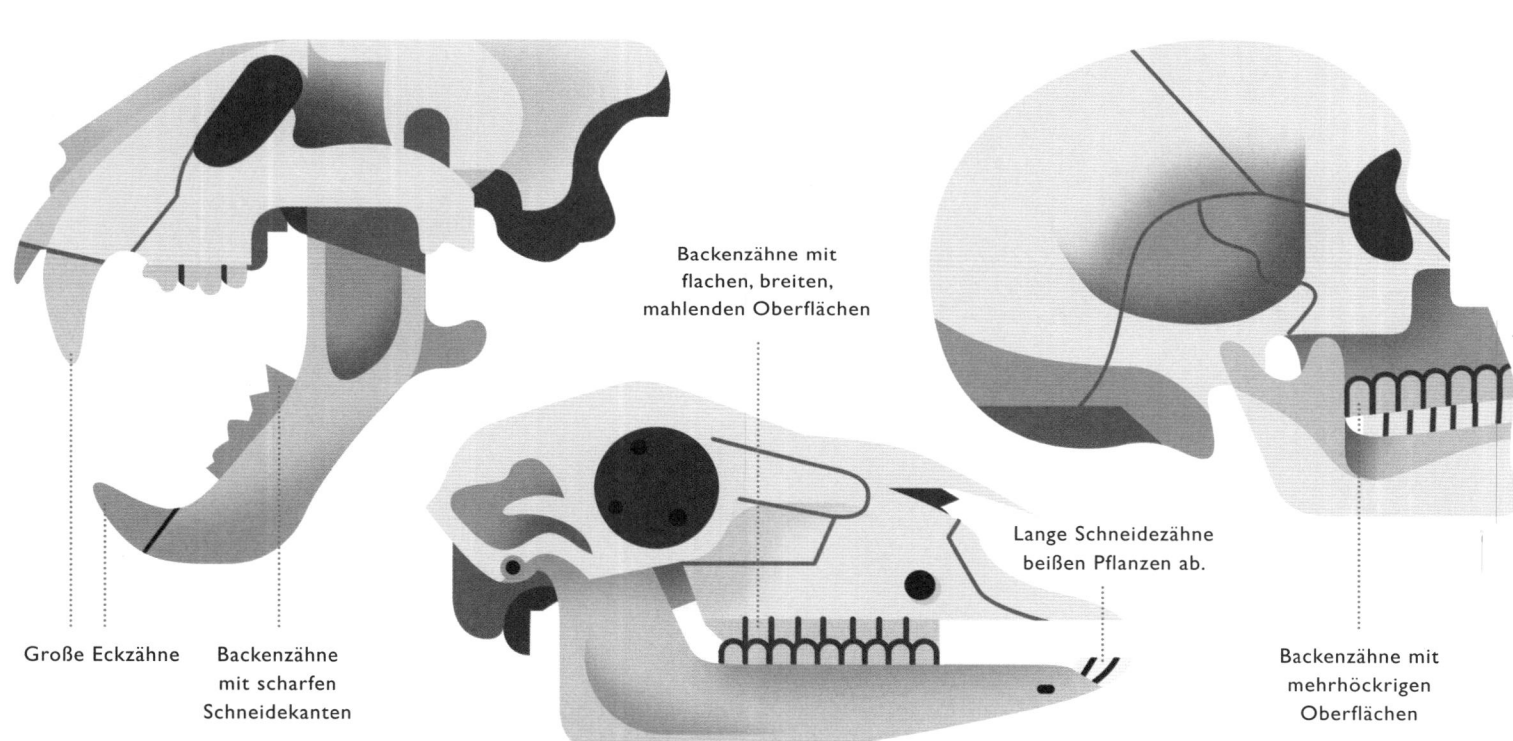

Backenzähne mit flachen, breiten, mahlenden Oberflächen

Lange Schneidezähne beißen Pflanzen ab.

Große Eckzähne

Backenzähne mit scharfen Schneidekanten

Backenzähne mit mehrhöckrigen Oberflächen

SCHÄDEL EINES RAUBTIERS
Ein Fleischfresser packt und zerreißt seine Beute mit den großen Eckzähnen. Er kann dank kräftiger Kaumuskeln mit großer Kraft zubeißen. Die scharfkantigen Backenzähne zerschneiden das Fleisch und knacken Knochen auf.

SCHÄDEL EINES PFLANZENFRESSERS
Pflanzenfresser können den Unterkiefer auf und ab und hin und her bewegen und mit breiten Backenzähnen harte Pflanzenkost zermahlen. Die meisten Arten haben keine Eckzähne, aber lange, scharfe Schneidezähne, um Blätter abzubeißen.

SCHÄDEL EINES ALLESFRESSERS
Die Zähne der Tiere (auch Menschen), die Pflanzen und Fleisch fressen, müssen unterschiedliche Nahrung zerkleinern. Die Höcker auf den Backenzähnen vieler Allesfresser werden mit der ab-wechslungsreichen Nahrung fertig.

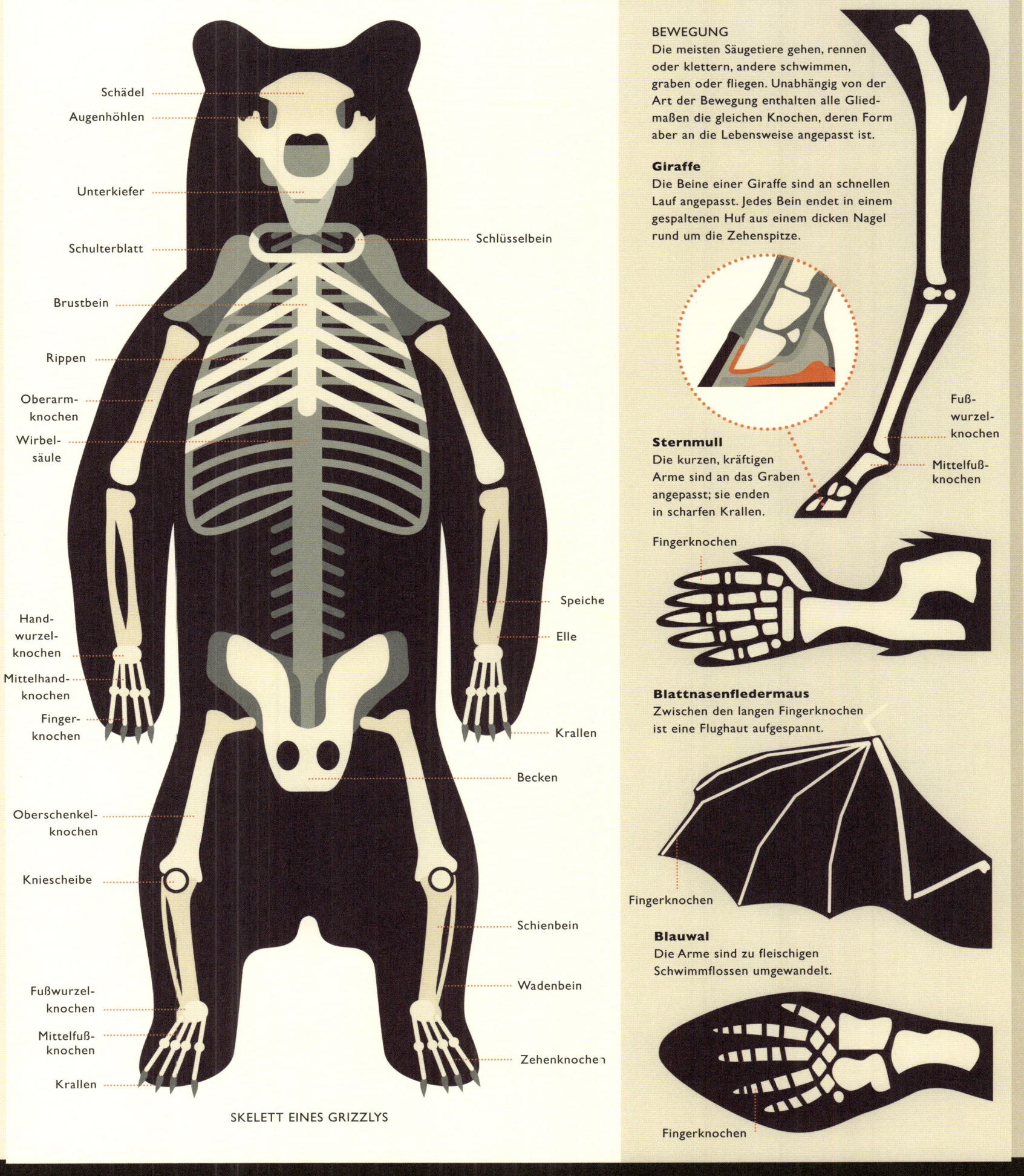

Schädel

Augenhöhlen

Unterkiefer

Schulterblatt

Brustbein

Rippen

Oberarm-
knochen

Wirbel-
säule

Hand-
wurzel-
knochen

Mittelhand-
knochen

Finger-
knochen

Oberschenkel-
knochen

Kniescheibe

Fußwurzel-
knochen

Mittelfuß-
knochen

Krallen

Schlüsselbein

Speiche

Elle

Krallen

Becken

Schienbein

Wadenbein

Zehenknochen

SKELETT EINES GRIZZLYS

BEWEGUNG
Die meisten Säugetiere gehen, rennen
oder klettern, andere schwimmen,
graben oder fliegen. Unabhängig von der
Art der Bewegung enthalten alle Glied-
maßen die gleichen Knochen, deren Form
aber an die Lebensweise angepasst ist.

Giraffe
Die Beine einer Giraffe sind an schnellen
Lauf angepasst. Jedes Bein endet in einem
gespaltenen Huf aus einem dicken Nagel
rund um die Zehenspitze.

Sternmull
Die kurzen, kräftigen
Arme sind an das Graben
angepasst; sie enden
in scharfen Krallen.

Fingerknochen

Fuß-
wurzel-
knochen

Mittelfuß-
knochen

Blattnasenfledermaus
Zwischen den langen Fingerknochen
ist eine Flughaut aufgespannt.

Fingerknochen

Blauwal
Die Arme sind zu fleischigen
Schwimmflossen umgewandelt.

Fingerknochen

DER BLAUWAL

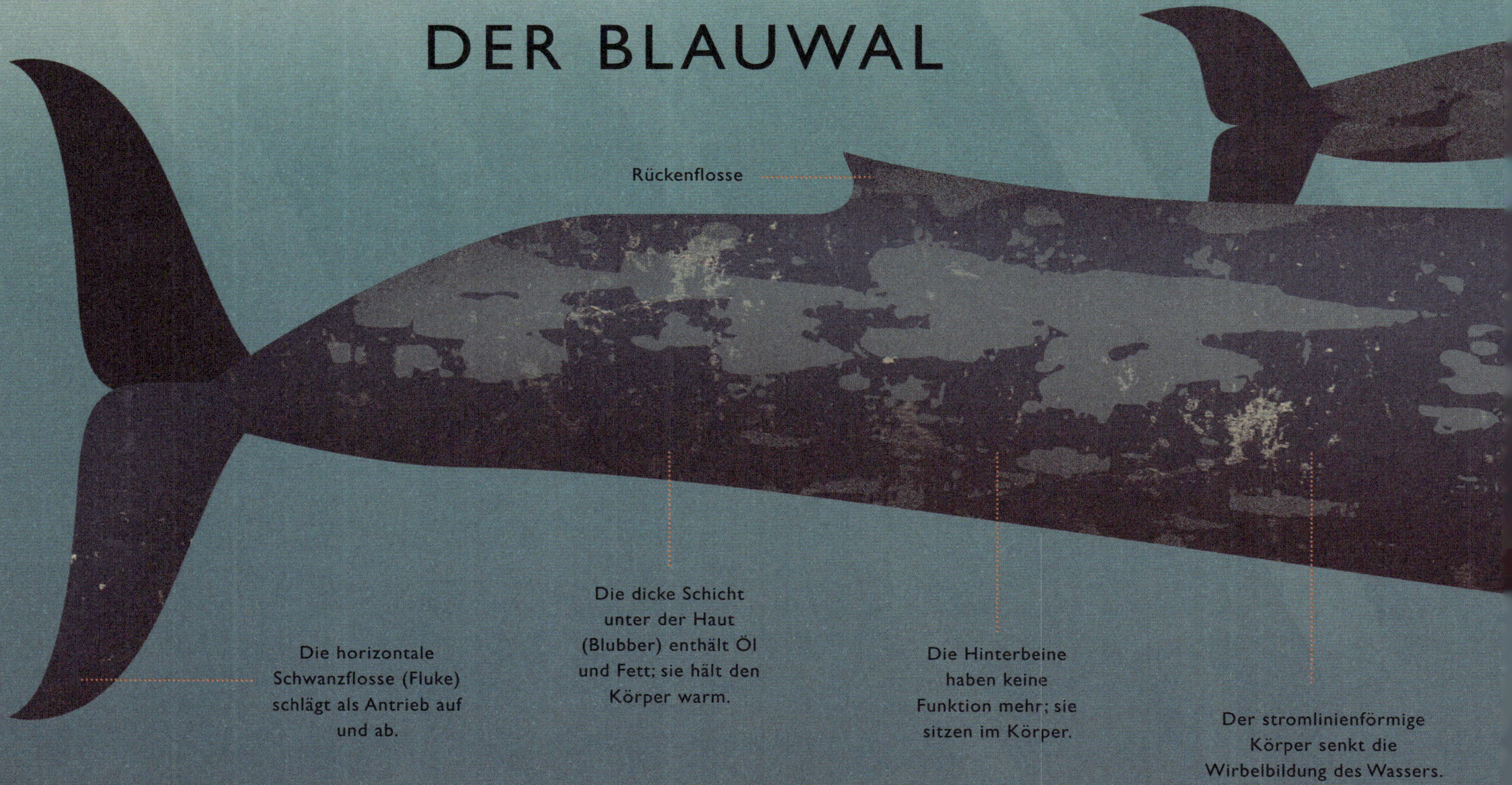

Rückenflosse

Die dicke Schicht
unter der Haut
(Blubber) enthält Öl
und Fett; sie hält den
Körper warm.

Die Hinterbeine
haben keine
Funktion mehr; sie
sitzen im Körper.

Der stromlinienförmige
Körper senkt die
Wirbelbildung des Wassers.

Die horizontale
Schwanzflosse (Fluke)
schlägt als Antrieb auf
und ab.

DER BLAUWAL IST DAS GRÖSSTE LEBENDE UND DAS GRÖSSTE TIER, DAS JEMALS AUF DER ERDE GELEBT HAT. Obwohl er an einen Fisch erinnert, ist er ein Säugetier aus der Ordnung der Cetacea, der Wale und Delfine.
• Ein ausgewachsener Wal wird bis 33 m lang, länger als drei Busse.
• Er ist mit dem fischförmigen Körper und flossenförmigen Armen ein besonders stark spezialisiertes Säugetier.

Blauwale gehören zu den Bartenwalen, benannt nach Hunderten von Hornplatten (Barten), die vom Oberkiefer herabhängen. Damit sieben sie winzige Planktonkrebse (Krill) aus dem Wasser.
• Wie alle Säugetiere ist auch der Bartenwal gleichwarm und bringt ein einziges, lebendes Kalb zur Welt. Es trinkt sechs bis acht Monate lang Milch aus Drüsen in einer Bauchfalte der Mutter.

FRESSEN

Krill

Beim Fressen nehmen Blauwale die enorme Menge von 90 t Wasser mit Futter ins Maul; dabei dehnt sich die Kehle wie ein Sack aus. Wenn sie das Wasser wieder auspressen, bleibt Krill an den feinen Borsten der Barten haften. Ein Blauwal frisst schätzungsweise 40 Millionen Krillgarnelen täglich!

Kehlfalten

Barten

Blasloch

Größenvergleich

Remora

Paddelartige
Vorderflossen
(Flipper) zum
Steuern

Die Kehlfalten dehnen sich weit
aus und ziehen sich zusammen,
um das Wasser durch die
Barten auszupressen.

Schiffhalter begleiten
die Blauwale und
säubern ihre Haut.

- Bei der Geburt sind Walkälber bis 7 m lang. Bis sie sich selbst ernähren können, trinken sie täglich 400 Liter Muttermilch.
- Blauwale ziehen durch die Meere der Welt. Sie fressen im Sommer in der Arktis und Antarktis, wenn sich der Krill massenhaft vermehrt. Im Winter schwimmen sie in tropische Meere, wo sie ihre Kälber zur Welt bringen.

- Sie verständigen sich mit grunzenden, klagenden und summenden Lauten. Mit 180 Dezibel machen sie die lautesten Geräusche aller Tiere.
- Wale atmen durch Nasenlöcher (Blaslöcher) oben auf dem Kopf. Unter Wasser verschließen sie die Blaslöcher mit kräftigen Muskeln. Wenn sie beim Auftauchen die Blaslöcher öffnen, schießt die Luft explosionsartig aus den Lungen; dann atmen sie wieder ein.

Großer
Tümmler

ZAHNWALE

Die zweite große Gruppe der Cetacea sind Zahnwale (Delfine, Schwertwale, Tümmler, Pottwale, Beluga und Schnabelwale), die etwa 90 % der lebenden Cetacea ausmachen. Sie haben keine Barten, sondern sind räuberische Tiere, die ihre Beute mit den Zähnen packen. Viele Zahnwale haben eine lange, schnabelförmige Schnauze.

KLEINSTLEBEWESEN

DIE FÜR DAS BLOSSE AUGE UNSICHTBAREN KLEINSTLEBEWESEN MACHEN EINEN GROSSEN TEIL DES TIERREICHS AUS. Trotz ihrer geringen Größe – und manche sind winzig – lässt ihre Körperform eine Einteilung in Verwandtschaftsgruppen zu.

• Viele dieser Tiere leben im Wasser oder an feuchten Orten an Land. Manche kommen im Boden, andere im Staub unserer Häuser vor. Und einige leben in anderen Tieren, auch in uns Menschen!

• **Bärtierchen, Rädertierchen** und andere überleben selbst harte Bedingungen. Sie schrumpfen zu einer trockenen Hülle zusammen und bleiben manchmal jahrzehntelang in diesem Zustand. Sobald sie in Kontakt mit Wasser kommen, erwachen sie zu neuem Leben.
• Viele Kleinstlebewesen gehören zur vielfältigen Gruppe des Planktons. Es bildet die lebenswichtige Nahrungsgrundlage für Fische, Wale und andere Wassertiere.
• Biologen vermuten, dass noch viele Kleinstlebewesen auf ihre Entdeckung warten.

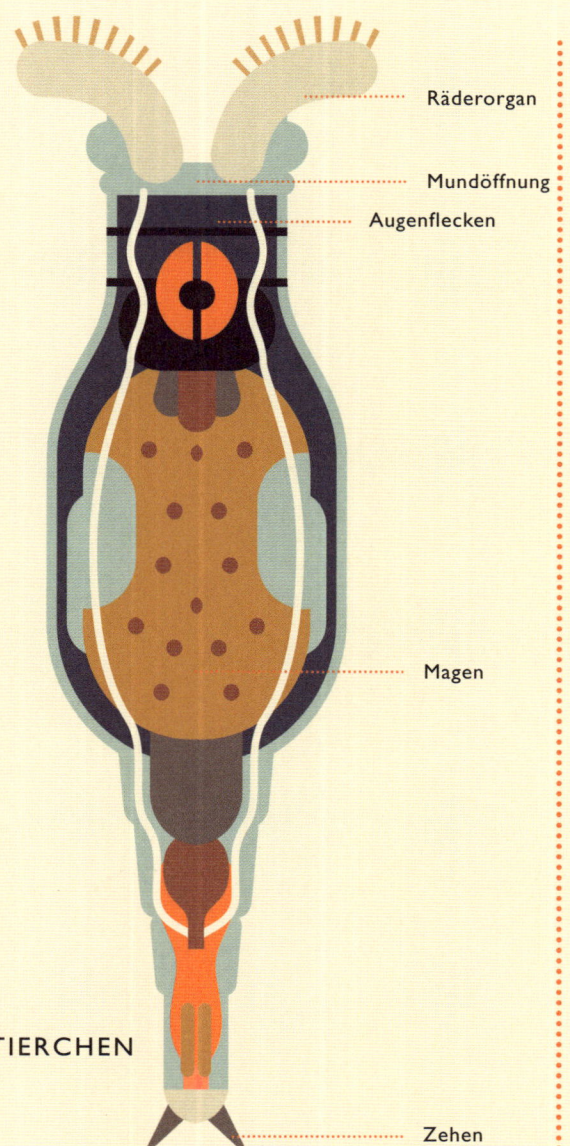

Räderorgan
Mundöffnung
Augenflecken
Magen

RÄDERTIERCHEN

Zehen

BESCHREIBUNG DER ARTEN

A **Bärtierchen** (Tardigrada) – bis 0,5 mm. Bärtierchen oder Wasserbären haben dolchartige Zähnchen und vier Paar Stummelbeine, die in Klauen oder Haftscheiben enden. Sie leben im Wasser oder zwischen Moosen und Flechten in Feuchtgebieten an Land und ernähren sich von Pflanzen und mikroskopisch kleinen Wirbellosen. Sie halten extreme Bedingungen aus, etwa Temperaturen nahe dem absoluten Nullpunkt oder kochendes Wasser. Sie überleben den Druck in Tiefseegräben, halten Strahlung aus, an der Menschen sterben würden, und sogar das Vakuum des Weltraums!

B **Ruderfußkrebse** (Copepoda) – bis 2 mm. Diese Krebstiere leben in allen Gewässern und ernähren sich von mikroskopisch kleinen Pflanzen. Das Außenskelett mancher Arten ist fast durchsichtig.

C **Haarbalgmilben** (Demodex) – bis 0,4 mm. Die winzigen Parasiten leben in den Haarbälgen menschlicher Augenbrauen und Wimpern. Sie klemmen sich mit dem schuppigen Körper im Haarbalg fest und fressen mit ihren winzigen, nadelartigen Mundwerkzeugen Hautzellen.

D **Wasserflöhe** (Daphnia) – bis 6 mm. Diese Krebstiere leben vorwiegend im Süßwasser. Dank einer Schutzschicht überleben die Eier auch schwierige Zeiten, wie eine Dürre. Der Wind kann die leichten, winzigen Eier über große Entfernungen verbreiten.

E **Korsetttierchen** (Loricifera) – bis 1 mm. Die winzigen Meerestiere bilden einen Tierstamm, der erst in den 1970er-Jahren entdeckt wurde. Sie leben überall auf der Erde im Bodensediment der Meere, wo sie sich an Sandkörnchen festklammern. Um sie untersuchen zu können, muss man sie vom Sand trennen. Da die Tierchen diese Prozedur nicht überleben, ist über ihr Verhalten nur wenig bekannt.

F **Hausstaubmilben** (Dermatophagoides) – bis 0,3 mm. Die winzigen Milben leben in unseren Wohnungen, meist in Teppichen, Matratzen und Bettzeug. Sie überleben in allen Klimazonen und fressen tote Hautzellen und anderes organisches Material. In einem Gramm Staub können bis 500 Milben leben! Sie und ihre Ausscheidungen lösen Asthma und Allergien aus.

G **Rädertierchen** (Rotifera) – bis 0,4 mm. Sie kommen zu Tausenden in allen Arten von Gewässern vor. Besonders häufig sind sie aber im Süßwasser als wichtiger Teil des tierischen Planktons (Zooplankton). Rädertierchen können unterschiedlich geformt sein, haben aber alle ein „Räderorgan" am Kopf, dessen haarartige Wimpern Nahrung zuführen.

A

B

C

D

D *Seitenansicht*

E

F

G

ere nicht im gleichen
Maßstab abgebildet

29

TIERWANDERUNGEN

ES GIBT VIELE GRÜNDE, WARUM SICH TIERE ZU BESTIMMTEN ZEITEN DES JAHRES AUF WANDERSCHAFT BEGEBEN. Manche Tierarten legen Tausende von Kilometern zurück, andere nur eine kurze Strecke. Typische Tierwanderungen – egal ob auf dem Land, in der Luft oder im Meer – sind vom Wechsel der Jahreszeiten abhängig und finden jedes Jahr aufs Neue statt.
• Tiere wandern aus unterschiedlichen Gründen. Sie ziehen in Regionen mit wärmerem oder kühlerem Wetter, mit mehr

A. Pfuhlschnepfe. Dieser Zugvogel bricht alle Rekorde: Er brütet in der Arktis und fliegt dann in neun Tagen nonstop nach Australien und Neuseeland, wo er den Winter verbringt.

B. Buckelwal. Der riesige Wal macht mit 16.000 km die längste Wanderung aller Säugetiere: Er schwimmt aus dem warmen Tropenmeer, wo er sich fortpflanzt, bis zum Polarmeer, wo er Futter findet. Auch andere

Wale, wie der Blauwal, das größte Tier der Erde, ziehen im Sommer zu den Polen. Dort vermehren sich in den längeren Tagen und wärmerem Wasser die Futterorganismen enorm.

C. Küstenseeschwalben. halten mit über 70.000 Flugkilometern jährlich den absoluten Rekord aller Tiere. Küstenseeschwalben fliegen vom Sommer in die Arktis zum Sommer in die Antarktis und

wieder zurück. In ihrem 30-jährigen Leben legen sie so insgesamt 2,4 Millionen km zurück.

D. Gnu. Über eine Million Gnus wandern jährlich zwischen den Savannen der Serengeti und Masai Mara hin und her. Das ist die größte Massenwanderung der Tierwelt.

E. Wanderlibellen halten mit über 15.000 km den Rekord für die längste Insektenwanderung.

Sie folgen dem Regen: Wenn der Monsun in Indien nachlässt, fliegen sie in die Regenzeit von Ost- und Südafrika und dann wieder zurück nach Indien. Allerdings schafft kein Insekt die ganze Strecke. Auf dem Staffellauf dieses enormen Rundkurses wechseln sich vier und mehr Generationen ab.

F. Rentiere wandern weiter als jedes andere Landsäugetier. Jedes Jahr ziehen mehr als

eine halbe Million Rentiere zu besseren Weidegründen. Sie verbringen den Winter im Süden ihres Verbreitungsgebietes und ziehen für den kurzen Sommer in den Norden der arktischen Tundra.

G. Monarchfalter. Am Ende des Sommers ziehen über 100 Millionen Monarchfalter aus Nordamerika zum Überwintern nach Mexiko. Da sie für die 4000 km lange Strecke länger

Futter oder besseren Bedingungen, um ihre Jungen aufzuziehen.
• Einige Arten legen rechtzeitig vor der langen Reise Reserven an; sie fressen so viel wie möglich. Andere versorgen sich unterwegs. Da eine Wanderung viel Kraft kostet, erreichen nur selten alle Tiere das Ziel.

• Auf der Wanderschaft nutzen die Tiere unterschiedliche Methoden, um ans Ziel zu gelangen.
• Manche Tierarten orientieren sich auf der Wanderung am Magnetfeld der Erde oder merken sich die Form der Landmassen. Wandernde Lachse orientieren sich sogar am Mineraliengehalt des Wassers.

E

G

F

J

K

Trotz ihrer winzigen Größe wandern einige Planktontierchen (Zooplankton) im Meer regelmäßig von oben nach unten – eine sogenannte „vertikale Wanderung".

brauchen als die Lebenszeit eines Schmetterlings, schafft kein Tier die gesamte Strecke.

H. **Rote Krabbe.** Einmal im Jahr, während der Regenzeit, verwandelt sich der Boden der Weihnachtsinseln im Indischen Ozean in einen wimmelnden roten Teppich. Dann sind 40 Millionen Krabben unterwegs zum Meer, um ihre Eier abzulegen. Die Krabben machen sich alle zusammen auf den Weg

und brauchen für die 5 km lange Strecke eine Woche.

I. **Blauflossenthunfische** sind schnell und ausdauernd. Sie schwimmen 100 km/h schnell und tauchen bis 1000 m tief. Wie viele Fische wandern sie zu speziellen Laichgründen, wo sie ihre Eier ablegen. Ein Fisch mit Sender brauchte für die 40.000 km hin und zurück über den Pazifischen Ozean nur 20 Monate. Damit halten sie den Rekord für

eine der schnellsten Wanderungen der Tierwelt.

J. **Königslachs.** Wie die meisten Lachse legen die Königslachse ihre Eier in dem Bach ab, in dem sie selbst geschlüpft sind. Manche Lachse legen dabei von den Jagdgründen im Pazifik zu den Bächen über 3000 km zurück. Sie schwimmen flussaufwärts und überwinden Stromschnellen und kleine Wasserfälle.

K. **Suppenschildkröte.** Wie andere Meeresschildkröten schwimmt sie durch die Ozeane, kehrt aber mit einem fantastischen Orientierungssinn über 2500 km weit zu dem Strand zurück, an dem sie selbst geschlüpft ist. Dort vergräbt sie ihre Eier im Sand und geht zurück ins Meer. Man nennt die Suppenschildkröte auch Grüne Meeresschildkröte. Früher landete sie häufig im Kochtopf, heute ist sie geschützt.

Die mikroskopisch kleinen Organismen legen dabei, manche täglich, fast einen Kilometer aus der Tiefsee bis zur Oberfläche des Ozeans zurück, um dort nachts zu fressen. Nach der Zahl der beteiligten Tiere ist das die größte Tierwanderung der Welt.

LEBEN AM EN

Die Region um den Nordpol wird ARKTIS genannt.

Das dichte weiße Fell wärmt und tarnt.

Die kleinen Ohren geben kaum Körperwärme ab.

A

D

B

Breite Pfoten mit Fell

C

AM RAND DES ARKTISCHEN EISES

DIE REGIONEN UM DIE BEIDEN POLE GE-HÖREN ZU DEN LEBENSFEINDLICHSTEN DER ERDE. Hier überleben nur Pflanzen und Tiere, die Temperaturen unter Null, monate-lange Dunkelheit und Orkane ertragen. Tiere sind unterschiedlich an die rauen Bedingungen angepasst. Manche senken mit dichtem Fell, einer dicken Fettschicht unter der Haut oder kleinen Ohren den Verlust von Körperwärme. Andere Arten nutzen den Schnee als Isolierschicht und graben unter der eisigen Schneedecke Tunnel oder Höhlen. Wieder andere Tiere ziehen nur während der wärmeren Jahreszeit in die Polarregion und nutzen das reiche Futter-angebot, um zu fressen und zu brüten.

Die Arktis im hohen Norden besteht aus dem zugefrore-nen Nordpolarmeer und der weiten, stürmischen Tundra.
• Hier ist es wärmer als in der Antarktis, aber im langen Winter sinkt die Temperatur dennoch auf - 40°C.
• Im milderen Sommer, wenn es den ganzen Tag lang hell ist, ziehen viele Tiere in die Arktis, um hier zu fressen und zu brüten. Dann blüht die Tundra und das Plank-ton im Meer ist für viele Tiere eine unerschöpfliche Futterquelle.

A **Eisbären** leben ständig in der Arktis. Als ausgezeichnete Schwimmer verbringen sie mehr Zeit im Wasser als an Land. Sie warten an Atemlöchern, bis eine Robbe auftaucht, und schlagen zu.

B **Lemminge** sind für viele Tiere eine wichtige Beute. Im Winter graben sie ausgedehnte Tunnel, die sie nur selten verlassen.

C **Sattelrobben** können eine Stunde lang unter Wasser bleiben. Die ausgezeichneten Schwimmer halten sich Atemlöcher eisfrei.

D **Polarfüchse** haben ein zweilagiges Fell: Das wollige Unterfell bildet ein wärmendes Luftpolster; das längere Oberfell färbt sich im Winter weiß.

E **Küstenseeschwalben** lockt wie Tausende anderer Vögel das reiche Futterangebot des Sommers an. Wenn ihre Jungen flügge sind, fliegen alle in die Antarktis, um auch dort den Sommer zu erleben – die längste Wanderung aller Vögel!

F **Walrösser** benutzen ihre langen Stoßzähne, um sich aus dem Wasser zu ziehen, Fressfeinde abzuwehren, Atemlöcher im Eis zu öffnen und den Meeresboden nach Muscheln zu durchwühlen.

G **Tundrapflanzen**. Alle polaren Pflanzen sind an die rauen Bedingungen angepasst. Die kompakten Steinbrecharten, Wollgras, Flechten und Moose halten dem Wind stand und sind eine wichtige Futterquelle für Tiere.

H

I

J

DER WELT

Die Fettreserven unter der Haut schützen auch vor der Kälte.

E

D

G

F

IM EISMEER DER ANTARKTIS

Die Antarktis erstreckt sich rund um den Südpol; das Meer vor der Küste ist ganzjährig über einen Kilometer dick vereist.
• Auf dem Kontinent im stürmischen Südpolarmeer ist es durchschnittlich -45°C kalt.
• Im Winter herrscht monatelang Dunkelheit.
• Sie ist der trockenste, stürmischste Ort der Erde mit Windgeschwindigkeiten von über 300 km/h und nur wenigen Zentimetern Niederschlag pro Jahr.

• Leben ist fast nur im Meer möglich; hier hat sich eine Vielzahl von Lebewesen an das eiskalte Wasser angepasst.

H **Blauwale** sind die größten Tiere aller Zeiten. Obwohl sie bis 33 m lang werden, fressen sie nur winzige Nahrung. Blau- und andere Wale schwimmen jedes Jahr in die Antarktis, um Krill und anderes Plankton zu fressen, das sie mit Hornplatten (Barten) aus dem Wasser sieben.

I **Pinguine**. Rund um die Antarktis leben viele Pinguinarten. Ein dichtes, öliges Federkleid – 30 Federn pro Quadratzentimeter – über einer dicken Daunenschicht und Fett unter der Haut halten Pinguine auch bei extremer Kälte warm.

J **Seeleoparden** leben am Rand des Packeises. Sie sind hervorragende Schwimmer und gefürchtete Raubtiere. Ihre Beute sind Pinguine, kleinere Robben, Seevögel, Fisch und Krill.

K **Schwertwale** gehören zu den Zahnwalen und sind gefräßige Raubtiere. Sie spüren ihre Beute mit Echoortung auf und jagen oft gemeinsam in Gruppen.

L **Krill** heißen die garnelenartigen Krebstiere, die sich vor Plankton ernähren. Sie sind ein wichtiges Glied in den Nahrungsketten des Meeres. Krill gibt es auf der ganzen Welt; er vermehrt sich massenhaft im wärmeren Sommer der Antarktis.

M **See-Elefanten** sind die größten Robben der Welt. Sie tragen ihren Namen wegen der rüsselartigen Nase der Bullen. Sie wurden wegen ihres Öls fast ausgerottet – der Blubber eines großen Bullen enthält über 200 Liter Öl.

L

L

K

M

Die Region um den Südpol wird ANTARKTIS genannt.

ERSTAUNLICHE PINGUINE

GRÖSSEN

Kaiserpinguin – 1,30 m
Königspinguin – 1 m
Zügelpinguin – 72 cm
Brillenpinguin – 70 cm
Adéliepinguin – 70 cm
Felsenpinguin – 50 cm
Zwergpinguin – 35 cm

PINGUINE SIND FLUGUNFÄHIGE VÖGEL, DIE WEIT-GEHEND IM WASSER LEBEN. Alle 17 lebenden Arten gehören zur Ordnung der Sphenisciformes. Die meisten Arten kommen in den kalten Meeren der Südhalbkugel, einige auch in kalten Meeresströmungen der Tropen vor.

• Einige der ausgestorbenen Arten waren so groß wie erwachsene Menschen.

• An Land wirkt ihr Watschelgang komisch, doch im Wasser, wo sie die Hälfte ihres Lebens verbringen, sind sie mit ihren flossenartigen Flügeln erstaunlich beweglich. Pingui-ne jagen Fische und kleine Meerestiere.

• Das dichte Gefieder aus einander überlappenden, wasser-abstoßenden Federn gibt ihnen die Stromlinienform und schützt sie, wie die dicke Fettschicht unter der Haut, vor der Kälte.

• Das sogenannte **Gegenstromprinzip** im Blutkreislauf der Beine wirkt wie ein Wärmetauscher: Das warme Blut aus dem Körper gibt Wärme an das kalte Blut ab, das zurück in den Körper fließt.

A **Kaiserpinguin**. Im kalten antarktischen Winter versammeln sich Tausende dieser Vögel auf dem Eis. Die Weibchen legen ein einziges Ei, dann kehren sie ins Meer zurück. Die Männchen legen das Ei auf ihre Füße und halten es in einer Bauch-tasche warm. Jetzt müssen sie zwei Monate ohne Nahrung aushalten.

B **Königspinguine** sind perfekt an das Leben im Wasser ange-passt. Sie tauchen bis 300 m tief, schwimmen 10 km/h schnell und bleiben auf der Jagd bis 20 Minuten unter Wasser.

C **Brillenpinguine** leben im wärmeren Meer um Südafrika. Die rosa Drüsen um die Augen wirken wie ein Temperaturregler und halten sie kühl. Um noch mehr Wärme abzugeben, breiten sie die Flügel aus.

D **Adéliepinguine** versammeln sich im Sommer an den Küsten der Antarktis und brüten ihre Eier in Kolonien von bis zu 200.000 Tieren aus.

E **Zügelpinguine**. Die Färbung tarnt die Zügel-pinguine im Wasser – das gilt auch für andere Pinguine: Von oben fällt der dunkle Rücken vor dem dunklen Wasser, von unten der helle Bauch vor dem Licht von oben nicht auf.

F **Felsenpinguine**. Wie alle Schopfpin-guine haben auch die Felsenpinguine gelbe Federbüschel über den Augen und einen orangeroten, dicken Schnabel. An solchen Merkmalen erkennen sie sich in den riesigen Brutkolonien unterein-ander.

G **Zwergpinguine** sind die kleinste Pinguinart. Sie legen ihre Eier in Bruthöhlen oder Felsspalten ab. Sie leben in Neuseeland und Australien.

Blatthühnchen

Alpenschnee-huhn

Bläßhuhn

Storch

Blaufußtölpel

Strauß

VERRÄTERISCHE SCHNÄBEL UND FÜSSE

SCHNÄBEL UND FÜSSE VERRATEN EINE GANZE MENGE ÜBER EINEN VOGEL! Der Bau der Füße verrät, ob ein Vogel auf Zweigen sitzt, läuft, schwimmt, zu-packt oder etwas zerkleinert. Der Schnabel kann Nüsse knacken, Futter aus dem Wasser filtern, in Blüten nach Nektar suchen oder das Fleisch einer Beute zerreißen.

FÜSSE

Finken können mit der einzelnen, nach hinten gerichteten Zehe einen Ast fest und sicher umklammern.

Reiher. Die weit gespreizten Zehen von Watvögeln verhindern, dass sie im Schlamm versinken.

Stockente. Mit den Schwimmhäuten können Enten, Gänse und viele andere Seevögel sehr gut schwimmen.

Nandus können nicht fliegen, aber dank der fehlenden Zehen schnell rennen; dieser Fuß trägt den schweren Körper.

Specht. Zwei Zehen zeigen nach vorn, zwei nach hinten – Spechte können in alle Richtungen klettern.

Habichte. Greifvögel können mit den langen Krallen Beute schlagen, aber schlecht laufen.

SCHNÄBEL

Reiher spießen mit dem langen, spitzen Schnabel Fische auf und packen sie.

Adler. Der scharfe Hakenschnabel ist ideal, um Fleisch zu zerreißen.

Enten filtern mit dem flachen Schnabel Futter aus dem Wasser.

Papagei. Der kräftige, gebogene Papageienschnabel ist der perfekte Nussknacker.

Amseln können mit dem spitzen Allzweckschnabel Samen aufpicken oder Fliegen fangen.

Spechte meißeln mit dem kräftigen, spitzen Schnabel Löcher in Baum-stämme.

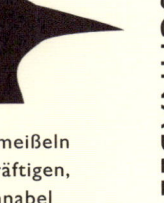

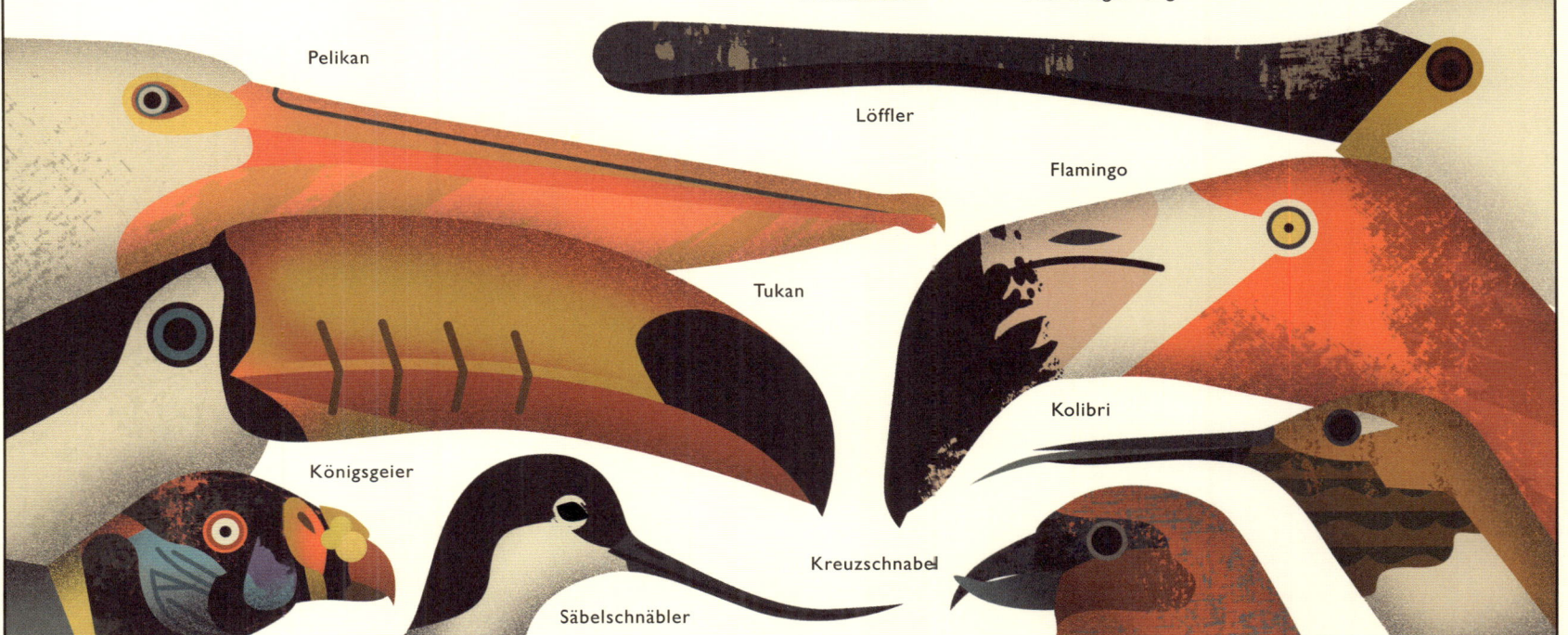

Pelikan

Löffler

Flamingo

Tukan

Kolibri

Königsgeier

Kreuzschnabel

Säbelschnäbler

WAS IST EIN VOGEL?

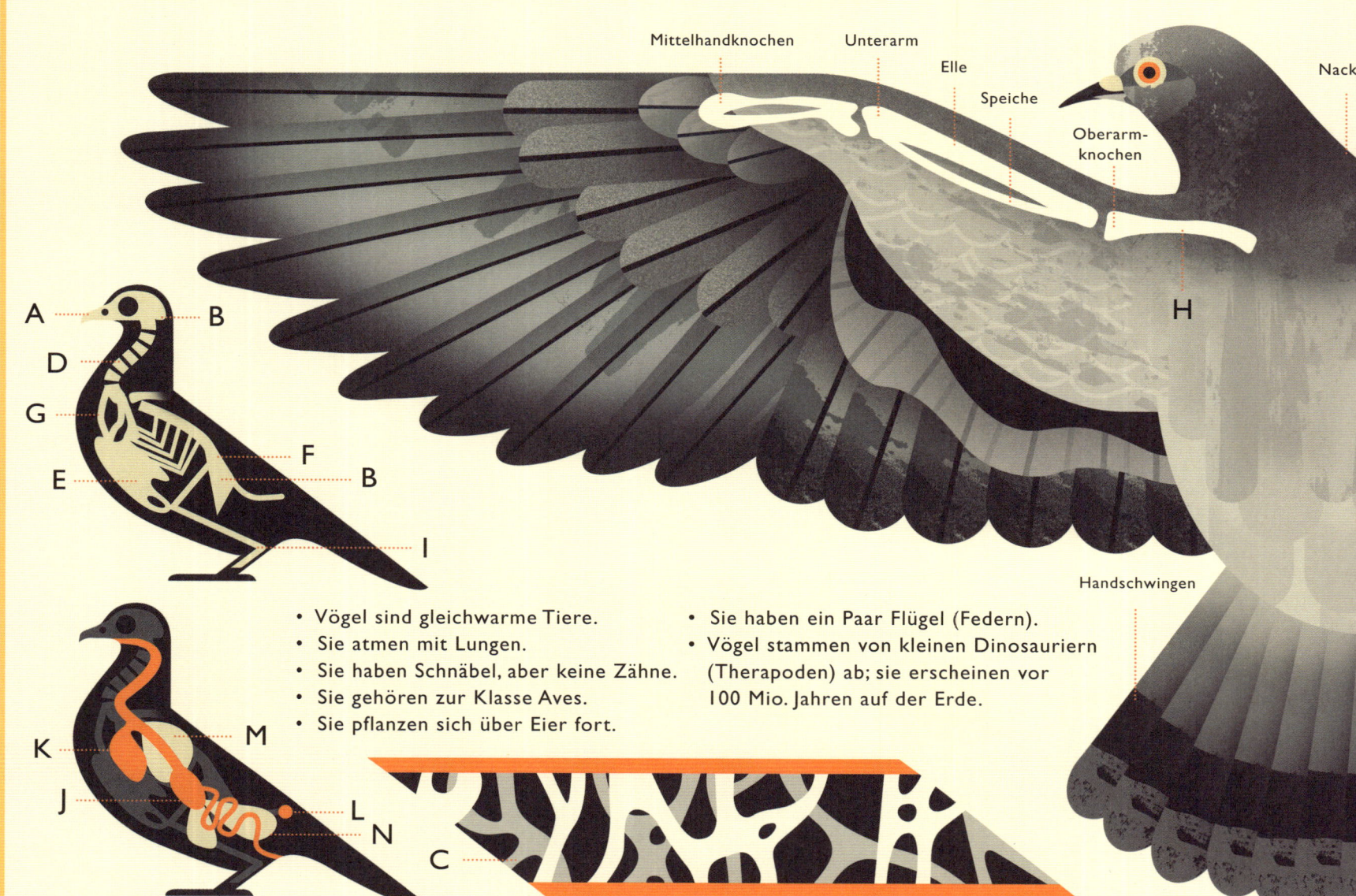

Mittelhandknochen   Unterarm

Elle

Speiche

Nacke

Oberarm-
knochen

H

A   B

D

G   F

E   B

I

Handschwingen

K   M

J   L N

C

- Vögel sind gleichwarme Tiere.
- Sie atmen mit Lungen.
- Sie haben Schnäbel, aber keine Zähne.
- Sie gehören zur Klasse Aves.
- Sie pflanzen sich über Eier fort.

- Sie haben ein Paar Flügel (Federn).
- Vögel stammen von kleinen Dinosauriern (Therapoden) ab; sie erscheinen vor 100 Mio. Jahren auf der Erde.

DER KÖRPERBAU EINES VOGELS

VÖGEL KOMMEN IN ZAHLREICHEN FORMEN UND GRÖßEN VOR, von der Bienenelfe, dem kleinsten Vogel der Welt (1,6 g), bis zum 125 kg schweren afrikanischen Strauß, dem größten Vogel der Welt. Er ist 80.000 mal schwerer als sein winziger Verwandter! Dennoch sind alle fliegenden Arten ähnlich gebaut: Sie haben eine schlanke, stromlinienförmige Form, das spart beim Flug durch die Luft viel Energie, und kurze, kräftige, kompakte Körper. Alle haben:

A. **Hornschnabel.** Leichter als ein Mund voller Zähne!

B. **Verwachsene Knochen** im Schädel, Becken und anderen Körperteilen geben höhere Stabilität.

C. **Hohle Knochen.** Viele der großen Knochen sind hohl mit einem Geflecht aus Verstrebungen. So ist das Skelett leicht und dennoch stabil.

D. **Beweglicher Hals.** Nützlich beim Fressen, Putzen und zur Rundumsicht.

E. **Am Brustbeinkamm** setzen die kräftigen Brustmuskeln an; sie bewegen die Flügel auf und ab. Die Brustmuskeln sind die größten unter den 175 Muskeln eines Vogels.

F. **Beckengürtel.** Kräftig gebaut und steif für sichere Starts und Landungen.

G. **Gabelbein.** Die verwachsenen Schulterbeine stabilisieren die Flügelgelenke.

H. **Flügelknochen** aus Oberarmknochen, Radius, Speiche und Mittelhandknochen.

I. **Falsches Knie.** Vögel scheinen ihr „Knie" nach vorn beugen zu können; tatsächlich ist es das Fußgelenk. Das echte Knie zwischen Unter- und Oberschenkel ist unter den Federn nicht zu sehen.

J. **Der Muskelmagen** zerkleinert die Nahrung. Manche Arten schlucken sogar kleine Steinchen, um Körner zu zermahlen.

Daumenfittiche · Deckfedern

elbug

Schwanzfedern

Schulterfedern

Armschwingen

SPATZ

ADLER

RAUCHSCHWALBE

ALBATROS

EULE

BINOKULARES SEHEN

AMSEL

MONOKULARES SEHEN

WALD-SCHNEPFE

RUNDUMSICHT (360°)

= Monokulares Sichtfeld
= Blinder Fleck
= Binokulares Sichtfeld

FLÜGELFORMEN

K. **Kropf.** Vorratssack für Futter.
L. **Bürzeldrüse.** Mit dem Öl aus der Bürzeldrüse reiben Vögel ihre Federn ein und machen sie wasserdicht.
M. **Lungen.** Vögel atmen viel Luft ein; daher können sie hoch steigen, wo die Luft weniger Sauerstoff enthält.
N. **Luftsäcke** pumpen Luft durch die Lungen.

Die Flügelform verrät viel über die Art, wie ein Vogel fliegt.

Spatz
Spatzen haben kurze, abgerundete Flügel für schnelle Starts und große Wendigkeit in der Luft. Das ist nützlich, um einem Habicht zu entfliehen!

Adler
Große, segelnde Vögel wie Adler und Bussarde haben breite Flügel. Die langen Federn der Handschwingen, die wie Finger aussehen, geben ihnen in aufsteigender Luft (Thermik) zusätzlichen Auftrieb.

Rauchschwalbe
Schnelle Flieger wie die Rauchschwalbe haben

spitze, nach hinten gekrümmte Flügel. Sie sind ideal, um blitzschnell herabzustoßen, und sparen Energie.

Albatros
Gleitende Vögel wie der Albatros haben lange, schmale Flügel, mit denen sie kräftesparend tage-, manchmal wochenlang über dem Meer segeln können.

SEHVERMÖGEN

Die Augen der Vögel sind an die jeweilige Lebensweise angepasst.

Binokulares Sehen
Bei Eulen und anderen Greifvögeln blicken beide Augen nach vorn. Da sich die Gesichtsfelder überlappen, sehen Eulen räumlich und können ihre Beute packen.

Monokulares Sehen
Bei Amseln und anderen Vögeln, die zur Beute werden können, sitzen die Augen seitlich am Kopf. So haben sie ihre Umgebung im Blick.

Rundumsicht (360°)
Bei Waldschnepfen sind die Augen noch mehr an die Seite gerückt; sie können sogar nach hinten sehen.

13

ALLES ÜBER FEDERN

VÖGEL SIND DIE EINZIGEN TIERE MIT FEDERN. Sie kommen in zwei Grundformen vor: Flug- oder Konturfedern sind für Flug und Form verantwortlich, die Daunenfedern auf der Haut halten den Vogel warm.

Federn erfüllen fünf Aufgaben:
1. Sie ermöglichen den Vogelflug.
2. Sie halten den Vogel warm.
3. Manche Arten machen ihre Federn mit Öl wasserdicht.
4. Federn können tarnen.
5. Sie werden bei der Balz als Schmuck präsentiert.

AUFBAU EINER FEDER
Flugfedern müssen eine glatte Oberfläche bilden, damit die Luft darüberstreichen kann. An den Federästen sitzen „Hakenstrahlen", deren Häkchen sich in die „Bogenstrahlen" des benachbarten Federastes einhaken. Wenn die Feder zerzaust ist, streichen Vögel bei der **Gefiederpflege** den Schnabel zur Spitze der Feder, bis die Häkchen wieder einrasten.

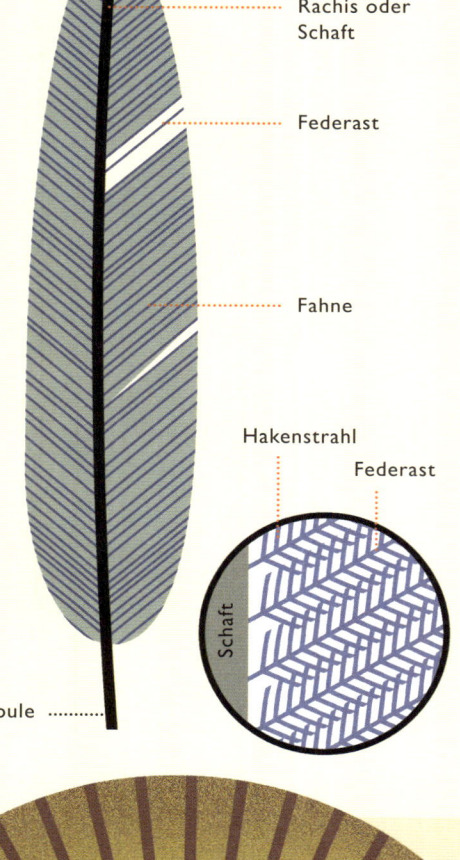

Rachis oder Schaft

Federast

Fahne

Hakenstrahl

Federast

Schaft

Spule ....

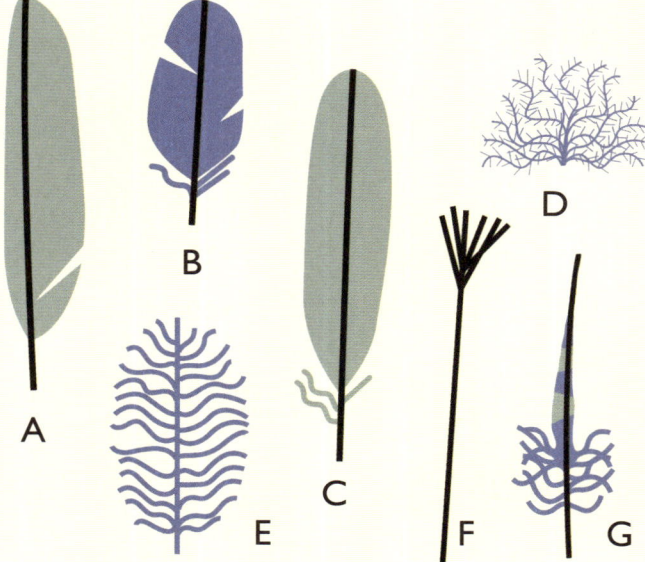

FEDERTYPEN
A Schwungfeder
B Kontur- oder Körperfeder
C Schwanzfeder
D Daunenfeder
E Halbdaune
F Fadenfeder
G Borstenfeder

DIE BALZ

Manche Vögel tragen einen erstaunlichen Federschmuck in ungewöhnlichen Farben und Formen auf dem Kopf. Meist sind es die Männchen, die in der Paarungszeit (Balz) mit solchen Kronen und Schöpfen ein Weibchen anlocken. Farben und Formen sind auch ein Erkennungszeichen für Artgenossen.

FELSENPINGUIN

FELSENHAHN

KRONENKRANICH

A

B

C

D

E

F

G

H

I

J

K

L

M

LEGENDE ZU DEN ARTEN
A **Ara (Schwungfeder)**
B **Fasan** (Schwanzfeder)
C **Wimpelträger** (Kopf)
D **Bussard** (Schwungfeder)
E **Pfau** (Schwanzfeder)
F **Emu** (Flügelfeder)
G **Flaggenflügel**
  (Schwanzfeder)
H **Flamingo** (Deckfeder)
I **Satyrtragopan**
  (Schwanzfeder)
J **Reiher** (Flaumfeder)
K **Mandarinente** (Kopf)
L **Perlhuhn** (Deckfeder)
M **Eichelhäher** (Schwungfeder)

Es gibt Vogelfedern in ver-
blüffend vielen Farben und
Formen. Insbesondere Kopf-
oder Schwanzfedern mancher
Arten sind als Hilfsmittel bei
der Balz besonders auffällig.

GUT GETARNT

FÜR VIELE TIERE IST EINE GUTE TARNUNG TEIL DER ÜBER-
LEBENSSTRATEGIE. Dabei sind Farben, Muster oder Formen
so gut an den Hintergrund angepasst, dass ein Tier scheinbar

VERSTECKT DURCH FARBE

Eier und Küken des Flussuferläufers und anderer Bodenbrüter
sind genauso gefärbt und gemustert wie die Umgebung des
Nestes. Das macht sie nahezu unsichtbar für Raubtiere. Da
sie fliehen können, sind die Vogeleltern häufig anders gefärbt
als ihre Jungen.

ERSTARREN

Viele getarnte Tiere erstarren zur Salzsäule! Diese
hervorragend getarnte Rohrdommel streckt sich bei
Gefahr in die Länge – Schnabel nach oben – und bleibt
bewegungslos sitzen. Damit unterscheidet sie sich kaum
noch von den Schilfhalmen, in denen sie sich versteckt.

Wenn sich Zebras in der
Herde zusammendrängen,
verwirrt ihr Streifenmuster
die Raubtiere. Sie erkennen in
dem Gewirr von Streifen kein
einzelnes Tier mehr, sodass
die Zebras eine bessere
Chance haben, rechtzeitig
zu fliehen.

12

60

Das unregelmäßige Streifenmuster der Tiger ist eine Tarnung, die mit dem Hintergrund verschmilzt: Die hellen und dunklen Streifen verwirren das Auge, sodass der Tiger „unsichtbar" wird – ideal für Raubtiere, die sich anpirschen.

„verschwindet". Mit Tarnung verstecken sich aber nicht nur Beutetiere vor Raubtieren, sondern Raubtiere können sich im Schutz guter Tarnung ungesehen anpirschen. Manche Formen der Tarnung funktionieren nur in Gruppen wirklich gut (siehe Zebras unten), andere schützen lediglich das einzelne Tier.

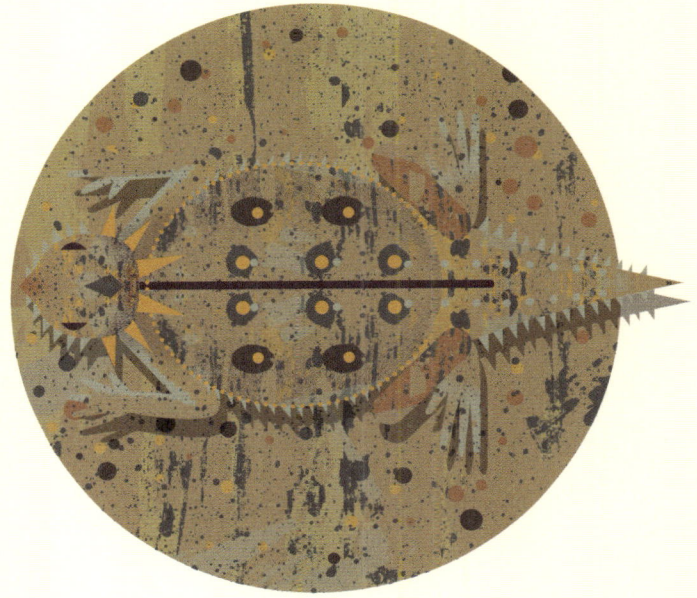

SCHATTEN VERBERGEN

In der Wüste verrät sich selbst ein perfekt getarntes Tier durch seinen Schatten. Die Krötenechse drückt sich daher so dicht an den Boden, dass sie in der Sonne keinen Schatten wirft. Ein Schuppenkranz an ihren Flanken lässt sie noch besser mit dem Untergrund verschmelzen; sie ist praktisch unsichtbar.

FARBWECHSEL

Einige Reptil en, Fische, Frösche, Kalmare und Tintenfische können ihre Hautfarben und -muster aktiv an den Untergrund anpassen. Säugetiere wie der Polarfuchs färben sich längerfristig mit den Jahreszeiten um. Er wechselt sein Sommer- gegen ein weißes Winterfell, das ihn im Schnee besser tarnt.

Natur im Brennpunkt

CHAMÄLEONS – MEISTER DER FARBE

Chamäleons sind nicht nur Meister im Farbwechsel, sondern auch die Scharfschützen der Tierwelt. Sie schnellen ihre Zunge heraus – sie ist länger als der Körper – und treffen präzise ihre Beute.

• Viele Arten nutzen Farbänderungen als Signal: Sie schrecken Rivalen ab, locken Partner an, zeigen Wut oder Angst. Farben beeinflussen auch die Körpertemperatur: Helle Farben kühlen, dunkle heizen auf.

• Das Augenzipfel-Stummelschwanzchamäleon tarnt sich mit Hautlappen. Damit sieht es aus wie ein Blatt und bewegt sich sogar leicht hin und her, wie ein Blatt im Wind.

• Die meisten Chamäleons fressen Insekten, größere Arten auch kleine Säugetiere. Das Elefantenohrchamäleon hat sich auf kleine Vögel spezialisiert.

• Wie alle Reptilien legen Chamäleons Eier; nur das Dreihornchamäleon und einige andere bringen lebende Junge zur Welt.

Männliche **Dreihornchamäleons** setzen ihre Hörner auch im Kampf ein.

• Chamäleons schleudern ihre Zunge mit erstaunlichen 5 m pro Sekunde aus – sie landet in weniger als einer 100stel Sekunde auf der Beute. Ihr Opfer bleibt an der Zungenspitze haften, die mit einem klebrigen Schleim bedeckt ist.

• Ein Chamäleon kann Farbe und Muster ändern – von fast weiß bis bunt gestreift. In der Haut sitzen spezielle Farbzellen (Chromatophoren), die sich ausdehnen und zusammenziehen können.

• Die großen Augen des Chamäleons sind mit Haut bedeckt, nur die Pupille bleibt frei. Jedes Auge kann einzeln in alle Richtungen gedreht werden – die Rundumsicht von fast 360° ist ideal für die Jagd.

• Mit dem Greifschwanz halten sie sich wie mit einer fünften Hand fest.

• Die Stummelschwanzchamäleons haben, wie der Name verrät, kein solch nützliches Werkzeug.

• Chamäleons sind neben Vögeln die einzige Tiergruppe mit zygodactylen Füßen: Sie können mit den nach vorn und hinten weisenden Zehen Äste umklammern und hervorragend klettern.

WAS IST EIN REPTIL?

REPTILIEN LEBEN SEIT ÜBER 300 MILLIONEN JAHREN AUF DER ERDE. Heute gehören mehr als 10.000 Arten zur Klasse der Reptilien.

• Reptilien kommen vorwiegend in warmen Ländern vor. Als wechselwarme Tiere erzeugen sie ihre Körperwärme nicht aktiv, sondern sind von der Umgebungstemperatur und einem entsprechenden Verhalten abhängig. Für eine stabile Körpertemperatur wärmen sie sich in der Sonne auf und kühlen sich bei großer Hitze im Schatten ab.

• Obwohl sich Reptilien in Größe und Form extrem unterscheiden, ist bei allen die Haut mit harten Schuppen bedeckt, die wie unsere Haare und Fingernägel aus Keratin bestehen. Um wachsen zu können, werfen sie die alte Haut ab.

• Die meisten Reptilien legen Eier an Land, selbst wenn sie überwiegend im Wasser leben. Aus den Eiern schlüpfen Mini-Versionen der Erwachsenen; Reptilien durchlaufen keine Larvenstadien wie die Amphibien.

A **Land- und Meeresschildkröten** sind gepanzerte Reptilien, die schon vor fast 200 Millionen Jahren auf unserer Erde lebten. Ihre Vorfahren waren Zeitgenossen der Dinosaurier. Sowohl Wasser- als auch Landschildkröten haben einen Panzer – zum Schutz und als Tarnung. Es gibt Arten, die 2 m lang und über 100 Jahre alt werden. Manche Meeresschildkröten legen Tausende von Kilometern auf der Nahrungssuche und zu den Stränden zurück, wo sie Bruthöhlen für ihre Eier graben.

B Echte **Krokodile** und **Alligatoren** sind Raubtiere, die in der Nähe von Wasser leben und eine sehr erfolgreiche Jagdstrategie entwickelt haben: Sie liegen bewegungslos im Wasser – nur die Augen und Nasenlöcher sind zu sehen – und packen blitzschnell zu, wenn ein Opfer nahe genug kommt. Die dicken, plattenartigen Knochenschuppen sind zur Tarnung braun, grau oder schwarz gefärbt. Krokodile legen ihre Eier in eine Grube oder unter verrottende Pflanzen nahe am Ufer.

C **Schuppenechsen**. Mehr als die Hälfte der lebenden Reptilien gehören zu den Schuppenechsen. Sie leben an warmen Orten und können mit kräftigen Beinen und langem Schwanz gut laufen, klettern und graben. Ihre Haut trägt Schuppen in allen Farben, Formen, Größen und Mustern. Manche Schuppenechsen schützen sich durch Tarnung, andere durch Giftbisse oder spitze Stacheln. Ein paar Arten werfen zur Täuschung sogar ihren Schwanz ab; dann wächst ein neuer nach.

D **Brückenechsen** oder Tuataras sehen Schuppenechsen sehr ähnlich, sind aber die letzten Überlebenden der prähistorischen Schnabelköpfe. Sie leben auf abgelegenen Inseln vor der Küste Neuseelands. Am Tag verstecken sie sich in Höhlen und gehen nachts auf Insektenjagd. Sie wachsen unglaublich langsam – die Weibchen legen erst nach 20 Jahren die ersten weichen, ledrigen Eier. Manchmal schlüpfen die Jungen erst nach einem Jahr. Tuataras werden bis zu 100 Jahre alt.

E **Schlangen** sind eindrucksvolle, hoch entwickelte Raubtiere. Sie haben weder Beine noch Augenlider und Ohrmuscheln. Dank ihres biegsamen Skeletts können sie sich schnell bewegen, schwimmen und auf Bäume kriechen. Schlangen töten ihre Beute durch Gift oder Erwürgen und verschlucken Opfer, die größer sind als sie selbst. Das ist möglich, weil sie ihre Kiefer aushängen können und sehr dehnbar sind. Giftschlangen injizieren das Gift durch hohle Fangzähne in ihre Opfer.

LEBEN IN DER WÜSTE

OBWOHL DAS WASSER IN DER WÜSTE KNAPP IST, LEBEN DORT TIERE. Sie haben sich im Zuge der Evolution erfolgreich an die extremen Bedingungen angepasst.

- Die Sahara in Afrika ist die größte heiße Wüste der Welt; sie erstreckt sich über 9 Mio. Quadratkilometer.
- Im Sommer steigen die Tagestemperaturen oft für mehrere Monate auf 47°C. Es fällt weniger als 100 mm Niederschlag pro Jahr, im Zentrum sogar noch weniger. Starke Winde treiben gefährliche Sandstürme vor sich her oder bilden Windhosen („Staubteufel").

- Die Tiere haben sich unterschiedlich an die supertrockenen Bedingungen angepasst: Die meisten Säugetiere der Wüste sind sehr klein, um den Wasserverlust zu senken, und kommen mit dem Wasser in ihrer Nahrung aus. Es gibt Tiere, die niemals trinken. Viele ziehen sich am heißen Tag in Höhlen unter der Erde zurück und suchen in der kühleren Nacht nach Futter. Andere besitzen körperliche Anpassungen, um das extreme Klima zu ertragen.

A

Die spaltförmigen Nasenlöcher werden zum Schutz vor Sand verschlossen.

Dicke Wimpern schirmen Sand und Sonne ab.

Mit dem ledrigen Maul fressen sie dornige Wüstenpflanzen.

Muskulöse Beine erlauben lange Wanderungen.

B

Die breiten, gespaltenen Füße sinken im Sand nicht ein.

A **Dromedare** sind Spezialisten im Wassersparen. Sie trinken in ein paar Minuten über 50 Liter und kommen tagelang ohne Wasser aus. Im Höcker speichern sie allerdings kein Wasser, sondern Fett, sodass sie auch längere Zeit ohne Futter auskommen. Der besonders lange Darm entzieht der Nahrung auch den letzten Wassertropfen und alle Nährstoffe.

B **Wüstenfuchs** (Fennek). Da sein sandgelbes Fell mit dem Hintergrund verschmilzt, fällt er seinen Beutetieren – kleine Säugetiere, Vögel und Insekten – nicht auf. Durch die großen Ohren gibt er Wärme ab und hört die Geräusche seiner Beute unter der Erde. Fellhaare auf den Fußsohlen schützen vor dem heißen Sand.

C **Mendesantilopen** überleben sehr lange ohne einen Tropfen Wasser. Ihnen reichen das Wasser aus Wüstenpflanzen und der Tau, der sich darauf niederschlägt. Wenn es in der Wüste regnet, sprießen Pflanzen aus dem Boden. Mendesantilopen folgen dem Regen durch die Wüste und weiden die frischen Pflanzen ab. Ihr helles Fell reflektiert die Sonne und hält sie kühl; mit den überdimensionalen Hufen gehen sie sicher auf Sand.

D Die **Wüstenspringmaus** ist ein Nagetier, das mit Ratten und Eichhörnchen verwandt ist. Sie verlässt ihren unterirdischen Bau nur in der Nacht und kommt mit dem Wasser in Wüstenpflanzen und Insekten aus.

E **Apothekerskinke** „schwimmen" im Sand, um der Hitze und Raubtieren zu entgehen. Sie haben glänzende Schuppen und „Fransen" an den Zehen zum Graben; die winzigen Nasenlöcher lassen keinen Sand durch.

F **Hornvipern** vergraben sich im Sand und beißen zu, wenn ein Tier zu nahe kommt. Ihr Schuppenmuster ist eine perfekte Tarnung. Hornvipern sind „Seitenwinder": Sie bewegen sich in Wellen seitlich über den Sand und hinterlassen dabei charakteristische Spuren.

G **Wüsten-Dungkäfer** kommen mit Wasser und Nährstoffen aus, die im Dung anderer Tiere enthalten sind. Die Pärchen rollen eine Dungkugel als Vorrat zu einem Loch im Sand und legen ihre Eier hinein.

H **Dattelpalmen**, **Tamarisken** und **Akazien** wachsen in der Nähe von Oasen mit Quellen oder in trockenen Flusstälern. Die langen Wurzeln der Bäume und Sträucher reichen tief in die Erde bis zum kostbaren Wasser. Wenn es regnet, keimen die Samen der Blumen aus und bilden innerhalb von Tagen neue Samen – bevor der Boden wieder austrocknet.

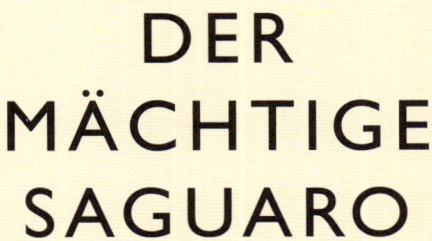

DER MÄCHTIGE SAGUARO

DIE BAUMHOHEN SAGUAROS DER SONORA-WÜSTE IN NORDAMERIKA GEHÖREN ZU DEN GRÖSSTEN KAKTEEN DER ERDE. Sie sind perfekt an das Leben in der heißen, trockenen Wüste angepasst und stehen im Zentrum einer Tiergemeinschaft, der sie Schutz und Nahrung bieten.

- Spitze Dornen statt Blätter und die mit Wachs überzogene Haut senken den Wasserverlust. Wenn es regnet, saugen die weit ausgebreiteten Wurzeln das Wasser auf. Saguaros speichern Wasser, dabei dehnen sich die Falten im Stamm aus.
- Saguaros werden über 15 m hoch und wiegen über 2 t. Ein Kaktus kann 150 Jahre alt werden.
- Zwischen den scharfen Dornen leben viele Vögel und Insekten. Gila-Spechte hacken sich Nisthöhlen aus dem fleischigen Stamm. Nach ihnen ziehen Elfenkäuze in die Höhlen ein.
- Die duftenden Blüten blühen im Frühling nur einen Tag. Sie locken Vögel, Schmetterlinge und Insekten an, die Nektar und Pollen suchen.
- Nach der Bestäubung bilden die Blüten leuchtend rote Früchte voller Samen, eine wichtige Nahrung für Hasen, Kojoten, Pekaris und andere Wüstentiere. Die Tiere verteilen die Samen in der Wüste und verbreiten die Kakteen.
- Wenn ein Saguaro stirbt, nutzen viele Wüstentiere das gespeicherte Wasser und das verfaulende Kakteenfleisch.

OPUNTIE

KUGEL-KAKTUS

VERGRÖSSERTE DORNEN

ROTSCHWANZ-BUSSARD

VEILCHEN-KOPFELFE

GILA-SPECHT

ELFENKAUZ

LANG-NASEN-FLEDER-MAUS

KOJOTE

BUSSARD-NEST

GLANZKÄFER

WESPEN-NEST

PEKARI

HASE

KALIFORNISCHE WÜSTENSCHILDKRÖTE

SUPER-STACHELN

DER KÖRPER VIELER WIRBELTIERE UND WIRBEL-LOSER IST MIT SPITZEN STACHELN BEDECKT, MIT DENEN SICH BEUTETIERE WIRKUNGSVOLL GEGEN DIE ANGRIFFE VON RAUBTIEREN SCHÜTZEN. Die Stacheln der Säugetiere sind umgewandelte Haare: Sie bestehen aus hartem Keratin wie unsere Fingernägel mit einem weichen Kern. Bei Insekten, Krebstieren und anderen Wirbellosen sind die Stacheln Auswüchse des Außenskeletts. Manche Arten haben sogar giftige Stacheln – als doppelter Schutz gegen Angreifer.

Ameisenigel leben in Neuguinea und Australien. Ihr rundlicher Körper ist mit Fell und bis zu 500 spitzen Stacheln bedeckt. Bei Gefahr rollen sie sich zur Kugel oder quetschen sich in eine Felsspalte oder Loch – die Stacheln wirken wie ein Schutzschild. Da sie sich mit kurzen, kräftigen Vorderbeinen und Krallen festkrallen, kann sie kein Raubtier herausziehen. Ameisenigel sind eine der fünf Säugetierarten, die Eier legen (Kloakentiere). Sie reißen verfaulende Baumstämme und Ameisenhaufen auf und lecken mit der langen, klebrigen Zunge Würmer und Ameisen in ihr winziges Maul.

Igelfische schlucken so lange Wasser, bis sie wie eine stachelige Kugel aussehen. So können sie zwar nicht schwimmen, sind aber kaum angreifbar!

Seeigel. Die meisten Arten tragen harte, brüchige Stacheln, die bei einigen Arten giftig sind. Das Gift ruft intensives Brennen in der Haut der Angreifer hervor. Seeigel können sich mit den Stacheln in Spalten und Ritzen von Felsen und Riffen festklemmen.

Dornteufel sind Reptilien, deren ganzer Körper mit spitzen Stacheln bedeckt ist. Da sie, im Unterschied zu anderen Echsen, beim Fressen längere Zeit an derselben Stelle verharren, wären sie ohne Stacheln leichte Beute. Dornteufel fressen Ameisen – Tausende auf einmal.

Dicladispa-Käfer. Die nur 7 mm langen Käfer und ihre Larven sind unangenehme Schädlinge. In Südostasien gefährden sie die Ernte, weil sie Blätter von Reispflanzen fressen. Sie schützen sich vor Angreifern durch kurze, spitze Stacheln auf ihrem flachen Körper.

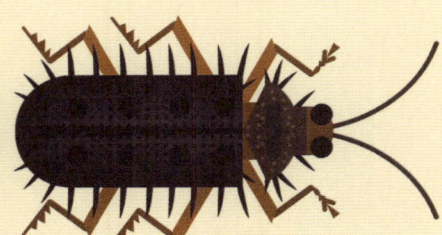

20

ERSTAUNLICHE KÄFER

JEDES VIERTE AUF DER ERDE LEBENDE TIER IST EIN KÄFER. Sie stellen mit fast 400.000 bekannten Arten ein Drittel aller Insekten, vom Riesenbockkäfer (so lang wie eine Hand) bis zu den winzigen Federflüglern, die auf dem Kopf einer Stecknadel Platz haben.

- Alle Käfer gehören zur Ordnung der Coleoptera; die ersten erschienen vor 300 Mio. Jahren.
- Im Unterschied zu anderen fliegenden Insekten sind die Vorderflügel zu harten Flügeldeckeln (Elytren) umgewandelt, die schützend über den Hinterflügeln liegen. Die Elytren sind oft bunt, gemustert oder glänzen metallisch.
- Käfer schlüpfen als Larven aus dem Ei und machen eine Metamorphose zur ausgewachsenen Imago durch.

- Käfer haben alle Lebensräume erobert, sogar das Wasser. Die einzelnen Arten ernähren sich ganz unterschiedlich: von faulem Holz, Dung, den Resten toter Tiere, aber auch von Pollen, Blättern, Insekten oder anderen Wirbellosen.
- Käfer haben erstaunliche Überlebensstrategien entwickelt. Manche schrecken Angreifer mit enormen Mundwerkzeugen ab, andere reizen das Maul von Fressfeinden mit Haaren oder Stacheln auf den Flügeldecken. Es gibt Meister der Tarnung; manche Käfer sehen aus wie Blätter oder Baumrinde. Wieder andere gleichen äußerlich wehrhaften Verwandten wie Bienen oder Ameisen und dann gibt es noch Käfer in Warnfarben, die eklig schmecken.
- Die alten Ägypter hielten den Skarabäus für heilig.

<table>
<tbody>
<tr><td colspan="2">LEGENDE ZU DEN ARTEN UND UNGEFÄHRE GRÖSSE</td></tr>
</tbody>
</table>

A	Nashornkäfer 22–60 mm	**D**	Dicladispa-Käfer 7 mm	**H**	Schildkäfer 13 mm	**L**	Schoenherr-Rüsselkäfer 21–23 mm
B	Herkuleskäfer 170 mm	**E**	Wallace-Glanzkäfer 40–60 mm	**I**	Sechspunktiger Sandlaufkäfer 10–24 mm	**M**	Goliathkäfer 60–250 mm
C	Giraffenhalskäfer 250 mm	**F**	Gebänderter Pinselkäfer 9–12 mm	**J**	Gelbrandkäfer 27–35 mm	**N**	Pennsylvania-Leuchtkäfer 10–15
		G	Kartoffelkäfer 10 mm	**K**	Madagaskar-Schnellkäfer 23–25 mm	**O**	Java-Gespenstlaufkäfer 60–90 mm
P	Skarabäus 5–30 mm						
Q	Siebenpunkt-Marienkäfer 7–10 mm						
R	Harlekin-Bockkäfer 30–78 mm						

E

F

G

H

I

J

K

L

M

N

O

P

Q

R

ie Abbildungen sind
ht maßstabsgerecht.

20

EMERGENTEN

Reise durch die Natur:

DAS LEBEN IM TROPISCHEN REGENWALD

DIE REGENWÄLDER SIND DIE „LUNGEN DER ERDE". Sie dehnen sich wie ein gewaltiger grüner Ozean über viele Tausende von Quadratkilometern um den Äquator aus. Ihre üppige Pflanzenwelt entzieht der Atmosphäre das Treibhausgas Kohlendioxid und erzeugt gleichzeitig den Sauerstoff, den wir zum Atmen brauchen. Regenwälder stabilisieren unser Klima und sind die Heimat für mehr als die Hälfte aller Tier- und Pflanzenarten unseres Planeten. Wir kennen zwar fast alle Vögel und größeren Tiere, aber Wissenschaftler glauben, dass noch viele Pflanzen und wirbellose Tiere auf ihre Entdeckung warten.

Die Regenwälder sind nach dem Pflanzenwuchs in vier „Stockwerke" gegliedert: Emergenten (einzelne, hohe Bäume), dichtes Kronendach, Unterwuchs und Waldboden. Unten findest du einige der vielen Tiere, die diese Stockwerke im tropischen Inselregenwald in Südostasien bewohnen. Er gehört zu den ältesten Regenwäldern der Erde.

WER LEBT HIER?

IN DEN REGENWÄLDERN SÜDOSTASIENS LEBT EINE UNGLAUBLICHE VIELFALT VON TIEREN, von den Spitzen der Baumkronen bis zum schattigen Waldboden zig Meter tiefer. Manche Tiere verlassen niemals die Baumkronen. Sie sind optimal an das Leben in luftiger Höhe angepasst und steigen niemals herunter.

STOCKWERKE DES WALDES

• Die höchsten Baumkronen (**Emergenten**), bis zu 75 m über dem Boden, bilden das oberste Stockwerk. Viele stützen ihre mächtigen Stämme mit Brettwurzeln ab. In dieser „Sonnenetage" leben Affen, Fledermäuse, Schmetterlinge und Adler.

• Das **Kronendach** reicht bis 30 m hinauf. Die dichten Blätter schirmen den Wald darunter ab. In diesem Gewirr aus Blättern und Zweigen finden die meisten Waldtiere Schutz und Nahrung.

• Der **Unterwuchs** aus Sträuchern und kleinen Bäumen erhält nur wenig Sonnenlicht. Hier wimmelt es von Insekten und anderen Tieren, wie Leoparden, Baumfröschen und Nachtjägern wie den Plumploris.

• Am **Waldboden** ist es ziemlich dunkel. Hier gedeihen zahlreiche Pilze und viele Kleintiere, die sich von dem Blatthumus ernähren.

• Auf fast allen Stockwerken wachsen Orchideen, Farne und Lianen als „Aufsitzer" (**Epiphyten**) auf anderen Pflanzen.

A **Hanuman-Languren** schlafen nachts hoch oben und klettern am Tag zur Futtersuche herunter.

B **Affenadler** sind sehr selten; sie leben auf den Philippinen.

C **Vogelfalter** tragen ihren Namen wegen der Größe.

D **Silbergibbons** verteidigen ein Revier und klettern selten herunter.

E **Flugfüchse** oder **Flughunde** sind die größten Fledermäuse der Welt.

F **Rotbüschel-Bartvögel** fressen Früchte und verteilen die Samen mit dem Kot.

G **Riesengleiter** sind Lemuren, die mit einer Flughaut zwischen den Beinen segeln.

H **Atlas-Spinner** gehören zu den größten Nachtfaltern der Welt. Die Männchen können Weibchen kilometerweit erschnuppern.

I **Nasenaffen** tragen ihren Namen wegen der langen, fleischigen Nase.

J **Doppelhornvögel** picken mit dem langen Schnabel Früchte von hohen Zweigen.

K **Orang-Utan** heißt auf Malaiisch „Waldmensch".

L **Höhlen-Langzungen-Flughunde** sind wichtige Bestäuber, da sie Nektar aus den Blüten schlecken.

M **Weißlippen-Bambusottern** sind Giftschlangen, die Vögel, Frösche und kleine Säugetiere fressen.

N **Sumatra-Blauschnäpper** leben nur auf der Insel Sumatra.

O **Blaustrichelloris** sind Papageien, die mit ihrer Pinselzunge Früchte und Nektar fressen.

P **Java-Flugfrösche** können mit Schwimmhäuten zwischen den Zehen von Ast zu Ast segeln.

Q **Plumploris** sind langsame, Insekten fressende Nachttiere.

R **Stabheuschrecken** werden über 30 cm lang und sind perfekt getarnt.

S **Zibetkatzen**. Das gefleckte Fell dieses zierlichen Jägers ist eine gute Tarnung.

T **Orchideen-Mantis** warten, als Blüte getarnt, auf Beute.

U **Leoparden** sind geschickte Jäger, die ihre Beute auf Bäume schleppen und in aller Ruhe fressen.

V **Malaienbären** ernähren sich vorwiegend von Bienen und Honig.

W **Blutegel** sind entfernt mit Regenwürmern verwandt; sie saugen ihren Opfern Blut aus.

X **Hirscheber**. Die bis 30 cm langen oberen Eckzähne der Männchen wachsen durch die Schnauze nach oben.

Y **Schneidervögel** „nähen" ihre Nester aus Blättern mit Pflanzenfasern oder Spinnenseide mit dem Schnabel zusammen.

Z **Nashornkäfer** verstecken sich am Tag und saugen nachts Pflanzensäfte.

EMERGENTGARTEN

KRONENDACH

UNTERWUCHS

WALDBODEN

Natur im Brennpunkt
DAS MERKWÜRDIGE FINGERTIER

DAS NACHTAKTIVE FINGERTIER IST EINES DER SELTENS-TEN TIERE DER ERDE. Es gehört zu den Lemuren und schläft, frisst, wandert und paart sich im dichten Kronendach des Regenwaldes. Um seine Beute zu finden, klopft es auf Baumstämme und lauscht auf die Geräusche, die unter der Rinde lebende Larven machen. Dann nagt es ein Loch in die Rinde und pult die Larve mit dem verlängerten vierten Finger heraus.

Seine Jungen zieht es in einem Nest aus Zweigen und Blättern auf. Fingertiere benutzen auch alte Nester von Artgenossen. Die Jungen bleiben zwei Jahre bei den Eltern. Früher hielt man das Fingertier für ausgestorben; die wenigen noch lebenden Tiere sind durch die Zerstörung ihres Habitats stark bedroht. Bei den Einwohnern Madagaskars galt es als Symbol des Todes.

Große Augen für gute Sicht im Dunkeln

Mit den großen Fledermausohren hört es die Maden unter der Rinde.

Katzengroß mit struppigem Fell

Fingertiere springen mit kräftigen Hinterbeinen wie Eichhörnchen von Baum zu Baum.

Wie bei den Nagetieren wachsen die Schneidezähne ständig weiter.

Langer dritter Finger für die Fellpflege und zum Klopfen

Langer vierter Finger mit Doppelgelenk an der Spitze pult die Maden heraus.

Habitat: Regenwald von Madagaskar
Körpergröße: 40 cm; Schwanzlänge 40 cm
Gewicht: 3 kg
Nahrung: Insekten, Früchte, Samen, Pilze, Vogeleier

21

GROSSARTIGE FLEDERMÄUSE

Die meist nachtaktiven Fledermäuse können als einzige Säugetiere aktiv fliegen. Fast alle insektenfressenden Arten nutzen die Echoortung, um sich zu orientieren und Beute aufspüren. Dazu stoßen sie sehr hohe Töne durch Nase oder Maul aus.

- Schall, der auf einen Widerstand stößt, wird als Echo reflektiert. Fledermäuse erkennen das getroffene Objekt am Echoschall.
- Mit ihren großen Ohren hören sie nicht nur das Echo, sondern auch die Vibrationen eines Insektenflügels.
- Haben sie eine Beute lokalisiert, schlagen sie in der Luft zu und stopfen sie sich mit der Daumenkralle ins Maul.
- Am Tag hängen nachtaktive Fledermäuse an den Fußkrallen, mit dem Kopf nach unten in Höhlen oder hohlen Bäumen.

Die faltige Nase der **Hufeisennase** bündelt die Töne zu schmalen Strahlen. Auf der nächtlichen Jagd nach Insekten bewegt sie den Kopf hin und her.

Sternmulle verbringen fast ihr ganzes Leben unter der Erde. Sie finden ihr Futter nicht mit den winzigen Augen, sondern mit den empfindlichen Tastorganen am Ende der Schnauze.

Der **Grottenolm** ist ein Salamander, der sich an ein Leben in völliger Dunkelheit angepasst hat. Er lebt in Höhlen in Mittel- und Südeuropa. Seine rosafarbene Haut bildet kaum Pigmente und seine Augen sind zurückgebildet. Grottenolme spüren kleine Wirbellose mit dem Geruchssinn und den Ohren auf.

LEBEN IM DUNKELN

BEI ANBRUCH DER NACHT VERLASSEN TIERE, DIE AM TAG GESCHLAFEN ODER SICH AUSGERUHT HABEN, IHR VERSTECK UND GEHEN AUF FUTTER-SUCHE. Nachtaktive Tiere schalten die Nahrungskonkurrenten aus, die am Tag aktiv sind. Außerdem sind viele Raubtiere tagaktiv und Wüstentiere vermeiden die brennende Sonne. **Nachtaktive Tiere** mussten sich anpassen, um sich im Dunkeln zu orientieren, Raubtiere zu vermeiden, Nahrung und Paarungspartner zu finden.

Eulen spüren nachts mit ihrem ausgezeichneten Gehör im Gras raschelnde Beutetiere auf. Da die Ohren unterschiedlich hoch am Kopf sitzen, hören sie räumlich.

Das **Fingertier** nutzt im dunklen Regenwald viele Sinne – große Augen, enorme Ohren und ihre Fähigkeit, Schallquellen zu orten –, um Beute aufzuspüren.

Schlangen „schmecken" den Duft ihrer Beute mit der Zunge in der Luft. Manche haben sogar einen zusätzlichen Sinn: Sie nehmen mit zwei wärmeempfindlichen Gruben seitlich am Kopf die Körperwärme von Tieren wahr. Damit sehen sie sogar in totaler Dunkelheit ein „Wärmebild" ihrer Opfer.

Die federartigen Fühler männlicher **Nachtfalter** riechen die **Pheromone** der Weibchen; sie fliegen auch in der Dunkelheit zielsicher auf die Weibchen zu.

AUGEN IN DER DUNKELHEIT

Viele Nachttiere haben im Verhältnis zur Körpergröße sehr große Augen. Je größer das Auge, desto mehr Licht fällt hinein und desto besser kann das Tier sehen. Auch die Form der Pupille spielt eine Rolle: Katzen und nachtaktive Schlangen können ihre schlitzförmigen, senkrechten Pupillen sehr weit öffnen und besonders viel Licht ins Auge lassen.

Hinter dem Augapfel vieler nachtaktiver Tiere liegt das *Tapetum lucidum*. Es wirkt wie ein Spiegel, reflektiert das Licht und macht das Auge bei schwachem Licht noch empfindlicher. Werden solche Tiere angestrahlt, scheinen ihre Augen im Dunkeln zu leuchten.

In der Nacht öffnen **Geckos** ihre Pupillen weit, damit möglichst viel Licht hineinfällt. Im Sonnenlicht des Tages ist die Pupille bis auf kleine Löcher verschlossen.

A **Buschbaby**
B **Katze**
C **Nachtaktive Schlange**
D **Gecko**

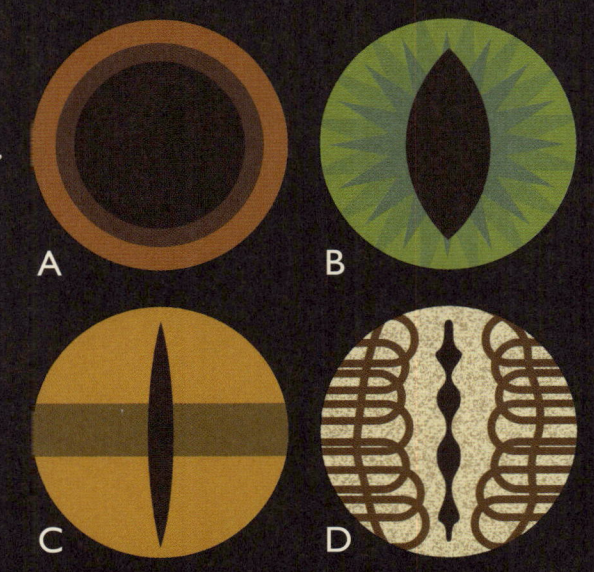

EULEN MIT SUPERSINNEN

WALDKAUZ

Flaches Gesicht mit einem Federkranz um die Augen, der den Schall zu den Ohren weiterleitet

Große, nach vorn gerichtete Augen für räumliches Sehen

Der kurze Hakenschnabel packt und zerreißt die Beute.

Federn in matten Farben und Mustern zur Tarnung

Kräftige, gefiederte Füße

Spitze Krallen greifen und töten die Beute.

EULEN SIND NACHTS JAGENDE GREIFVÖGEL MIT UNGLAUBLICHEN FÄHIGKEITEN.

• Ihre großen Augen fangen viel Licht ein. Sie sind nach vorne gerichtet für ein großes Gesichtsfeld und räumliches Sehen. Sie können ihre Augen nicht bewegen und zur Seite sehen. Da aber ihr Kopf um 270° drehbar ist, haben Eulen eine Fast-Rundumsicht.

• Sie können ausgezeichnet hören. Da die Ohren unterschiedlich hoch sitzen, können sie Schallquellen genau lokalisieren und damit räumlich hören.

• Die weichen Federn machen im Flug fast kein Geräusch. Daher hören Eulen selbst leiseste Geräusche im Gras oder unter Schnee.

• Die meisten Eulen fressen Insekten, Vögel oder kleine Säugetiere. Einige Arten fangen Fische.

• Eulen verschlucken ihre Beute im Ganzen und würgen die unverdaulichen Teile später als „Gewölle" wieder aus.

• Sie nisten in Baumhöhlen, auf dem Boden, in Felsspalten oder Gebäuden.

• Eulen legen gewöhnlich weiße, fast kugelige Eier – typisch für Eier, die in Verstecken ausgebrütet werden.

• Zur Familie der Strigiformes gehören fast 200 Eulenarten, die jedes Habitat erobert haben, von dichten Wäldern bis zur arktischen Tundra.

• Eulen gehören zu den ältesten Landvögeln; ihre Vorfahren lebten schon vor 60 Millionen Jahren.

Schwungfeder

Gewölle

Die weichen, welligen Kanten ermöglichen fast lautlosen Flug.

AMERIKANISCHER UHU

SCHLEIEREULE

ELFENKAUZ

SCHNEE-EULE

WER LEBT IM BAUM?

JE ÄLTER EIN BAUM, DESTO MEHR TIERE NUTZEN IHN ALS LEBENSRAUM. Diese alte Eiche könnte 600 Jahre alt sein. Ihre weit ausgebreitete Krone bietet ganz unterschiedlichen Arten Schutz und Nahrung. Im Frühling fressen Insektenlarven ihre Blätter – in einem Baum leben Hunderttausende von Schmetterlingsraupen. Im Herbst suchen Insekten,

Vögel und kleine Säugetiere nach Eicheln. Im ganzen Jahr leben Tiere unter der Rinde, bauen Nester auf den Zweigen oder suchen im Laubhumus nach Futter. In der Nacht werden andere Tiere aktiv – Eulen, Fledermäuse, Dachse und Mäuse –, die den Tag in Höhlen im Stamm oder zwischen den Wurzeln verbracht haben.

8

Sperber

Blauer Eichen-Zipfelfalter und Raupe

Zwergfledermaus

Eichengallwespe und Galle

Eichenborkenkäfer

Eichenwickler und Raupe

Eichel

Schleiereule

Hundertfüßer

Buntspecht

Junge der Schleiereule

Abendpfauenauge

Rotfuchs

Dachs

Grauhörn-chen

Efeu

Waldmäuse

Schuppiger Stielporling

DAS GEHEIME LEBEN DER PFLANZEN

OHNE PFLANZEN GÄBE ES KEIN LEBEN AUF DER ERDE. Die Nahrungskette beginnt mit Pflanzen. Pflanzen können sich nicht wie die Tiere bewegen, um Nahrung zu suchen, sondern stellen mit der **Fotosynthese** ihre eigene Nahrung her. Die Nährstoffe, die sie mithilfe der Lichtenergie der Sonne produzieren, kommen letztlich allen Lebewesen auf der Erde zugute. Außerdem entsteht bei der Fotosynthese Sauerstoff, den wir einatmen. Daran solltest du denken, wenn du eine Pflanze siehst. Sie steht nicht „einfach nur rum", sondern versorgt im Stillen alle Lebewesen der Erde mit lebenswichtigen Produkten.

A
B
C
D
E
F

KEIMUNG

Eine Eichel fällt auf den Boden; die Sonne erwärmt, der Regen befeuchtet sie. Das ist alles, was eine Eichel braucht, um zu einer neuen Pflanze heranzuwachsen. Unter günstigen Bedingungen wächst zuerst eine Wurzel, dann ein Spross, aus dem schließlich eine Eiche wird, die wieder Eicheln bildet.

Bliebe sie ungestört, könnte aus einer einzigen Eichel über viele Generationen ein Wald werden, in dem viele Tiere Schutz und Nahrung finden.

A **Eichelbecher**
B **Fruchtwand** – die äußere Schicht der Nuss
C **Samenschale** – eine harte Schale, die das weiche Zentrum schützt.
D **Keimblätter** – die ersten Blätter des keimenden Samens.

E **Sprossknospe** – sie wird zum ersten Spross.
F **Keimwurzel** – sie wird zur ersten Wurzel.

Jeder **Pflanzenembryo** besteht aus Keimwurzel, Sprossknospe und Keimblättern.

Wärme und Wasser bringen die Schale zum Platzen – die winzige Keimwurzel erscheint.

Die Wurzel wächst nach unten und nimmt Wasser aus dem Boden auf.

Der grüne Spross erscheint und wächst nach oben zum Licht.

Wenn die ersten Blätter erscheinen, stellt die Keimpflanze mit der Fotosynthese eigene Nahrung her.

SO FUNKTIONIERT DIE FOTOSYNTHESE

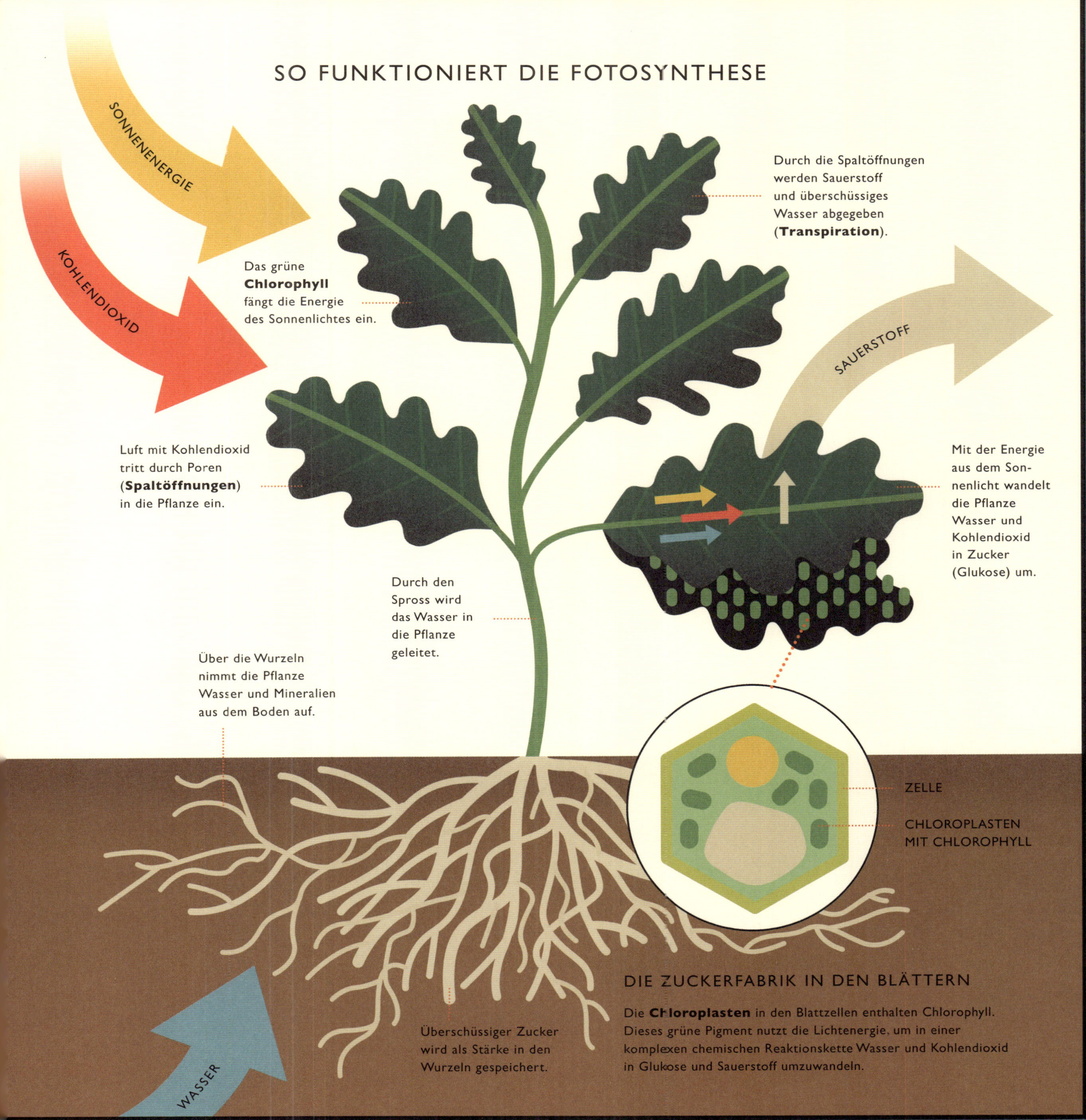

SONNENENERGIE

KOHLENDIOXID

Das grüne **Chlorophyll** fängt die Energie des Sonnenlichtes ein.

Durch die Spaltöffnungen werden Sauerstoff und überschüssiges Wasser abgegeben (**Transpiration**).

Luft mit Kohlendioxid tritt durch Poren (**Spaltöffnungen**) in die Pflanze ein.

SAUERSTOFF

Mit der Energie aus dem Sonnenlicht wandelt die Pflanze Wasser und Kohlendioxid in Zucker (Glukose) um.

Durch den Spross wird das Wasser in die Pflanze geleitet.

Über die Wurzeln nimmt die Pflanze Wasser und Mineralien aus dem Boden auf.

ZELLE

CHLOROPLASTEN MIT CHLOROPHYLL

DIE ZUCKERFABRIK IN DEN BLÄTTERN

Die **Chloroplasten** in den Blattzellen enthalten Chlorophyll. Dieses grüne Pigment nutzt die Lichtenergie, um in einer komplexen chemischen Reaktionskette Wasser und Kohlendioxid in Glukose und Sauerstoff umzuwandeln.

Überschüssiger Zucker wird als Stärke in den Wurzeln gespeichert.

WASSER

ALLES ÜBER BÄUME

Die meisten Bäume werden höher als andere Pflanzen und manche sogar älter als jedes Lebewesen auf der Erde. Tausende von Organismen finden in Bäumen Schutz und Nahrung. Ihre tief herabreichenden Wurzeln halten den Boden fest und die Blätter liefern den Sauerstoff, den wir atmen. Bäume machen das Leben auf unserem Planeten erst möglich.

BAUMFORMEN

Es gibt Bäume in allen möglichen Formen und Größen, von kleinen, kugeligen Sträuchern bis zu den riesigen Regenwaldbäumen. Im andauernden Wind kann eine Baumkrone schief, im dichten Wald schmal und hoch zum Licht wachsen.

Eiche

Palme

Monterey-Zypresse

Akazie

Gewöhnliche Fichte

Pappel

Esche

Weide

Knospe

Blatt

Blüte

Zweig

Frucht

A

F

C

Phloem

D

Xylem

Kernholz

B

Äste

BÄUME GLIEDERN SICH IN ZWEI HAUPTGRUPPEN:

Immergrüne und laubabwerfende Arten. Letztere werfen ihre Blätter vor dem Winter oder einer Trockenzeit ab. Immergrüne sind ganzjährig grün.

JAHRESRINGE

Ein Querschnitt durch den Stamm ist ein Tagebuch des Baumlebens. Die Zahl der Jahresringe verrät das Alter des Baumes. Neues Holz wächst im Frühling und Sommer: Enge Ringe bedeuten Jahre mit Trockenheit oder zu dicht stehenden Nachbarn; in guten Wachstumsjahren entstehen breite Ringe.

Ast

Breiter Jahresring

Kernholz

Enger Jahresring

Splintholz

E

Rinde

Laubabwerfender Ahorn

Immergrüne Kiefer

Kiefernzapfen

DIE TEILE EINES BAUMES

A **Krone**. Zweige und Blätter an der Spitze des Baumstammes. Da Bäume jedes Jahr neue Zweige bilden, werden sie immer größer.

B Der **Baumstamm** stützt die Krone und gibt einem Baum Form und Stabilität. Das Splintholz (Xylem) besteht aus engen Röhren, die Wasser und Mineralien aus den Wurzeln in die Krone bis zu den Blättern leiten.

C **Rinde**. Der äußere, tote Teil der Rinde (Borke) schützt den Baum vor Extremtemperaturen, Insektenfraß und Krankheiten. Der innere, lebende Teil (Phloem) transportiert Zucker und andere Nährstoffe aus den Blättern ab. Die Borke kann glatt oder rau sein und ändert bei vielen Baumarten im Alter Dicke und Farbe.

D **Kambium**. Ein Teilungsgewebe, das neues Holz und damit die Jahresringe bildet.

E **Wurzeln** reichen tief und breit in die Erde hinein und verankern den Baum im Boden. Sie nehmen Wasser und Mineralien aus dem Boden auf und speichern Zucker (Stärke) als Vorrat.

F **Blätter** sind die Nährstofffabriken. In ihnen findet die Fotosynthese statt, die mithilfe der Sonnenenergie in chemischen Reaktionen aus Kohlendioxid (Luft) und Wasser (Boden) Zucker herstellt.

BLATTFORMEN

JEDE BAUMART HAT EINE CHARAKTERISTISCHE BLATTFORM. In der Regel sind Blätter tropischer Bäume einfacher gebaut als die Blätter in gemäßigten Klimazonen. Die Bildtafel zeigt die Blätter verschiedener Baumarten. Wer einen Baum am Blatt erkennen („bestimmen") möchte, muss auf Farbe, Form und Struktur des einzelnen Blattes, die Form der Blattränder und auf ihre Anordnung an den Zweigen achten. Auch das Muster der Blattadern ist hilfreich für die Bestimmung einer Baumart.

Weide

Eberesche

DIE TEILE EINES BLATTES

Blattrand · · · · · · · · ·

Spitze

Mittelrippe

Blattgrund · · · · · · · ·

Blattstiel · · · · · · · ·

Adern

Eiche

Rosskastanie

Zuckerahorn

Buche

Ilex (Stechpalme)

Rhododendron

Gewöhrliche Kiefer

Zypresse

Ginkgo

Philodendron

Bismarckpalme

Pfennigbaum

NAHRUNGSKETTEN UND -NETZE

UNTER DER HEISSEN SONNE EINER AFRIKANISCHEN SAVANNE GRAST EIN IMPALA DAS THEMEDA-GRAS AB. Kurz darauf greifen Löwen an und die Antilope wird zur Nahrung für die Großkatzen. Dieses Beispiel ist eine einfache **Nahrungskette**: Lebewesen, die über die Nahrung miteinander verbunden sind.

Die obige Nahrungskette:

Themeda-Gras   Impala   Löwe

Die meisten Nahrungsketten beginnen mit Pflanzen, die mithilfe von Sonnenlicht eigene Nahrung erzeugen. Sie sind die wichtigsten **Produzenten** der Erde. Alle übrigen Glieder einer Nahrungskette sind tierische **Konsumenten**. Sie gewinnen ihre Energie aus Pflanzen oder anderen Tieren. Nahrungsketten können auch länger sein.

Eine längere Nahrungskette wäre:

Themeda-Gras   Heuschrecke   Pavian   Löwe

Löwe

Afrikanischer Wildhund

Waran

Pavian

Heuschrecke

Impala

Themeda-Gras

Da die Tiere in den meisten Ökosystemen mehr als eine Art Nahrung fressen, sind mehrere Nahrungsketten zu einem **Nahrungsnetz** verknüpft. Links siehst du ein Beispiel für ein einfaches Nahrungsnetz.

- Die Pfeile in einem Nahrungsnetz geben den Energiefluss zwischen den trophischen Ebenen (Glieder der Nahrungskette) an. Am Ende der Kette stehen zwei wichtige Gruppen von Lebewesen …
- Die erste Gruppe sind die **Aasfresser**, wie Hyänen oder Geier, die tote Tiere fressen.
- Die zweite Gruppe sind die Zersetzer (**Destruenten**), wie Bakterien und Pilze, die alle Überreste zersetzen und die Energie an den Boden abgeben – die Nahrungskette beginnt von Neuem.
- Fehlt nur ein Glied, beispielsweise weil eine Art ausstirbt, ändert sich die gesamte Nahrungskette – manchmal mit schwerwiegenden Folgen: Organismen „vor" der ausgestorbenen Art vermehren sich stärker. Da den Kettengliedern nach der ausgestorbenen Art die Nahrung fehlt, könnten auch sie aussterben.

WER FRISST WEN IN DER AFRIKANISCHEN SAVANNE?

Spitzenprädator. Meist große Raubtiere, wie Löwen oder Leoparden, die nicht selbst zur Beute werden.

Aasfresser, wie Geier und Hyänen, fressen das Fleisch toter Tiere.

Konsumenten zweiter Ordnung fressen andere Tiere (Fleischfresser) oder Pflanzen und Tiere (Allesfresser). Dazu gehören Rotbauchwürger und Paviane.

Konsumenten erster Ordnung, wie Heuschrecken und Impalas, fressen überwiegend Pflanzen.

Produzenten sind Organismen, die ihre eigene Nahrung und Energie erzeugen, wie Gräser oder Akazien.

Destruenten, wie Bakterien und Pilze, zersetzen die Reste toter Pflanzen und Tiere, also auch den Kot, und geben sie als chemische Bausteine und Energie zurück ins Ökosystem.

Löwen

AASFRESSER

GEIER

Rotbauchwürger

Waran

Erdferkel

Afrikanischer Wildhund

Impala

Heuschrecke

Gnu

Giraffe

Themeda-Gras

Pilze

Termiten

DESTRUENTEN

Bakterien

Akazie

SPITZENPRÄDATOREN

KONSUMENTEN 2. ORDNUNG

KONSUMENTEN 1. ORDNUNG

PRODUZENTEN

AUSSERORDENTLICHE JÄGER

VIELE TIERE, SOGAR EINIGE PFLANZEN, BENUTZEN AUSGEFEILTE STRATEGIEN, UM ZU IHRER NÄCHSTEN MAHLZEIT ZU KOMMEN. Sie verlassen sich weder auf Schnelligkeit noch auf leises Anschleichen, sondern locken Beute an und warten geduldig ab, bis sie nahe genug ist. Andere Tiere jagen in der Gruppe oder bauen Fallen.

Die **Wildhunde** der afrikanischen Savanne jagen in Rudeln. Sie passen ihre Strategie der Größe und Art der Beute an. Herdentiere, wie Antilopen oder Gnus, trennen die Wildhunde von der Herde ab. Einige der Hunde bleiben ihrem Opfer dicht auf den Fersen, andere halten sich zurück und setzen die Jagd fort, wenn die ersten müde werden. Während dieser Hetzjagd beißen sie immer wieder zu, bis ihr Opfer vor Erschöpfung und Blutverlust zusammenbricht.

Buckelwale jagen oft gemeinsam. Sie treiben einen Fischschwarm an die Oberfläche und blasen einen Vorhang aus Luftblasen rund um den Schwarm. Wenn die Fische darin eingeschlossen sind, tauchen die Wale mit offenem Maul auf und schlucken so viele Fische wie möglich.

Anglerfische benutzen einen „Köder": Vorne am Kopf sitzt eine umgewandelte Gräte („Angel"), die in einem fleischigen Organ endet. Wenn der Fisch seine Angel hin und her bewegt, sieht der Köder wie eine Beute aus und lockt kleine Raubfische an. Dann reißt der Anglerfisch sein Maul auf und verschluckt sein Opfer. Bei Tiefseeanglerfischen machen Leuchtbakterien den Köder noch interessanter.

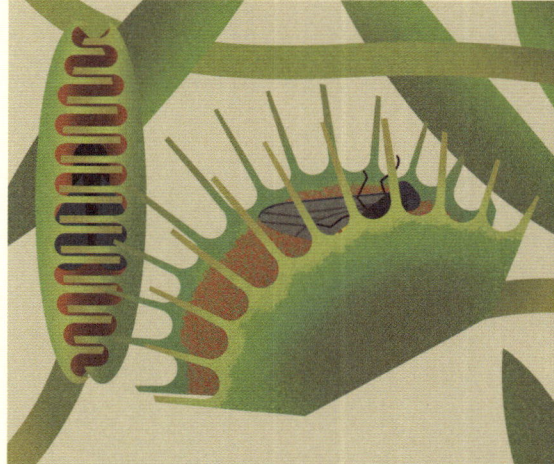

Die **Venusfliegenfalle** ist eine fleischfressende Pflanze, die mit ihren umgewandelten Blättern Insekten fängt. Berührt ein Insekt mehrmals die feinen Fühlborsten auf der Innenseite der Blätter, klappt die Falle zu. Die Blattränder schließen sich dicht zusammen, geben Verdauungsenzyme ab und lösen das Insekt, wie in einem primitiven Magen, im Laufe mehrerer Tage auf. Die Nährstoffe nimmt die Pflanze auf.

Schützenfische „spucken" zielsicher Insekten von Blättern, die über dem Wasser hängen. Wenn die Insekten ins Wasser fallen, schnappt der Schützenfisch zu. Der nur etwa 10 cm lange Fisch schießt seine Opfer bis zu einer Entfernung von 3 m über der Wasseroberfläche ab – mit sehr hoher Trefferquote!

Der **Ameisenlöwe** (die Larve der Ameisenjungfer, eines Netzflüglers) gräbt eine trichterförmige Fallgrube in den Sand und lauert mit weit offenem Maul unten im Trichter. Ameisen und andere kleine Insekten, die über den Rand des Trichters laufen, geraten auf der schrägen Sandfläche ins Rutschen und landen direkt im Maul des Ameisenlöwen.

Die bekanntesten Spinnennetze werden von den **Radnetzspinnen** gewebt. Sie lähmen ihre Opfer mit einem Giftbiss und spinnen sie in einen Kokon aus Seidenfäden ein. Dann tragen sie den Kokon zum Netzrand und saugen das Opfer aus. Wenn das Netz beschädigt wird, fressen sie die Spinnenseide und weben ein neues.

Natur im Brennpunkt
SPINNEN UND IHRE NETZE

SPINNENNETZE SEHEN MIT GLITZERNDEN TAUTROPFEN AN EINEM SONNIGEN HERBSTMORGEN ZWAR WUNDERSCHÖN AUS, DOCH IHRE FUNKTION IST TÖDLICH: Sie fangen Insekten für eine Spinne.

• Die Spinnenseide wird in speziellen Drüsen im Hinterleib der Spinnen hergestellt und durch Poren ausgeschieden. Einige Vogelspinnen haben auch Spinndrüsen in ihren Füßen.

• Die sehr elastische Seide besteht aus Protein (Eiweiß) und ist stärker als ein gleich dicker Stahlfaden. Je nach der vorgesehenen Aufgabe stellen Spinnen unterschiedliche Fäden her.

• Ein Faden des Netzes besteht meist aus mehreren Einzelfäden; manchmal werden sie auch mit einer Art Leim aus dem Hinterleib der Spinne zu Klebefallen.

• Spinnen stellen unterschiedliche Netze her. Die Netze der Haubennetzspinnen sehen unordentlich aus, während andere Arten ein kleines Netz auswerfen.

Trichternetzspinnen lauern in trichterförmigen Netzen auf Beute. Die schmerzhaften Bisse der Sydney-Trichternetzspinne können für Menschen tödlich sein.

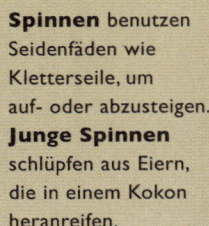

Spinnen benutzen Seidenfäden wie Kletterseile, um auf- oder abzusteigen. **Junge Spinnen** schlüpfen aus Eiern, die in einem Kokon heranreifen.

Die **Wasserspinne** baut sich eine „Taucherglocke" aus Seidenfäden und füllt sie mit Luft – für ihre Jungen oder als Speisekammer.

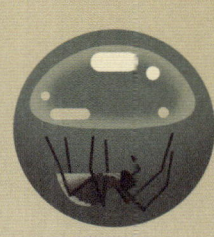

INTERESSANTE INSEKTEN

Kopf

Brust

Hinterleib

Ameise

Nacht-
schmetterling

Rüsselkäfer

Bockkäfer

Feldmaikäfer

Die Zeichnung zeigt eine Kurzfühlerschrecke.
Sie weist viele Merkmale auf, die für die
meisten Insekten gelten.

Antenne

Komplexauge

Vorderflügel

Hinterflügel

Der Insektenkörper ist in drei Abschnitte gegliedert:
• **Kopf** mit Mundwerkzeugen und Sinnesorganen
• **Brust** mit Beinen und Flügeln
• **Hinterleib** mit den meisten inneren Organen.

• Alle Insekten haben Antennen (Fühler), mit denen
  sie tasten, schmecken und riechen.
• Die Antennen sind unterschiedlich geformt, von
  den fedrigen Antennen der Nachtschmetterlinge
  bis zu den Fühlern der Bockkäfer, die länger sind
  als der Körper.

MUNDWERKZEUGE
A **Mandibeln** zer-
  kleinern die Nahrung.
B **Maxillen** halten
  und bewegen die
  Nahrung ins Maul.
C **Labrum**, die
  Oberlippe
D **Labium**, die
  Unterlippe
E **Palpen** sind
  Tast- und
  Geschmacks-
  organe.

Vorderbein

Mittleres

Kra

• Die meisten Insekten haben riesige
  Komplexaugen.
• Jedes Auge besteht aus Hunderten von
  Einzelaugen mit Linsen, die ein zusammen-
  gesetztes Bild der Umgebung liefern.

MEHR ALS DIE HÄLFTE ALLER BEKANNTEN TIERARTEN SIND IN-
SEKTEN, BISHER ETWA EINE MILLION ARTEN. Sie gehören zu den
erfolgreichsten Tiergruppen, die jemals auf der Erde gelebt haben.
Keine Tiergruppe erreicht auch nur annähernd ihre Zahl und Vielfalt.
• Insekten sind Wirbellose und bilden eine Klasse der Gliederfüßer
  (Arthropoden). Sie haben drei Paar Beine und ihr Körper ist in
  drei Abschnitte gegliedert: Kopf, Brust und Hinterleib.
• Alle Insekten atmen Luft durch Öffnungen an den Flanken ihrer
  Körper. Sogar die unter Wasser lebenden Arten wie Wasserkäfer
  müssen zum Atmen auftauchen.
• Viele Insekten haben Flügel; sie können als einzige Arthropoden
  fliegen. Daher konnten sie fast alle Lebensräume erobern.
• Insekten legen Eier, manchmal in enormen Mengen. Eine einzige
  Stubenfliege hat innerhalb einiger Wochen Millionen von Nachkommen. Auch diese hohe Vermehrungsrate war ein Grund für
  den Erfolg vieler Insektenarten.

• Auf dem Weg vom Ei zum ausgewachsenen Tier (Imago) durchlaufen Insekten mehrere Entwicklungsstadien. Einige verändern
  sich vollständig (Metamorphose), andere häuten sich mehrmals.
• Insekten und ihre Larven sind für viele Tiere eine wichtige Nahrungsgrundlage, von Eidechsen und Vögeln bis zu Säugetieren und
  anderen Insekten. Daher nutzen Beutetiere viele Strategien, um
  sich zu verteidigen oder zu flüchten. Manche wehren sich mit Gift
  (Bisse oder Stacheln), andere leben versteckt. Räuberische Insekten vertrauen bei der Beutejagd auf die gleichen Techniken.
• Obwohl manche Arten als Schädlinge gelten, die Ernten vernichten
  oder Krankheiten verbreiten, spielen Insekten eine wichtige Rolle
  Ohne sie würden viele Lebensformen gar nicht existieren. Die
  meisten Blütenpflanzen sind auf Insekten angewiesen, die den Pollen verbreiten, und Insekten bilden die Hauptnahrung vieler Arten

2

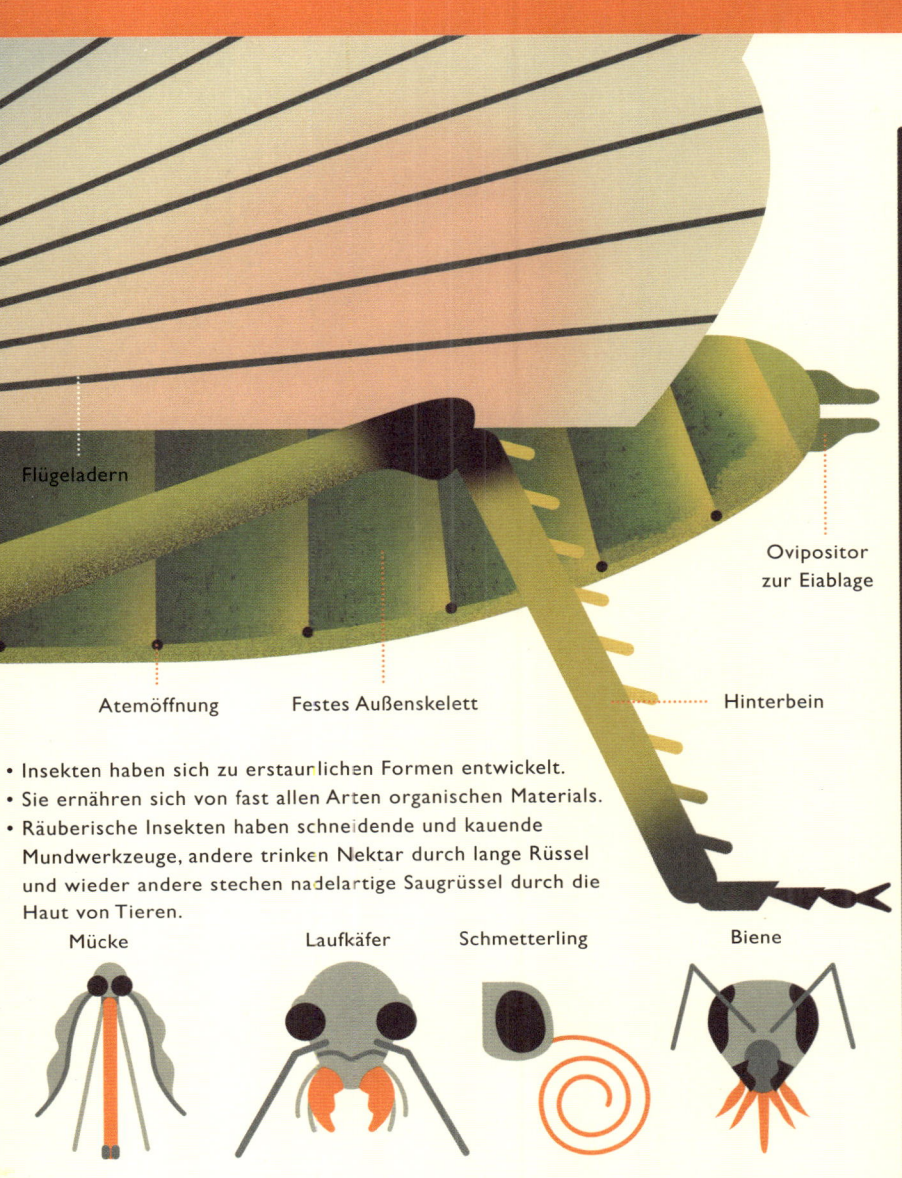

Flügeladern

Atemöffnung　　Festes Außenskelett

Ovipositor zur Eiablage

Hinterbein

• Insekten haben sich zu erstaunlichen Formen entwickelt.
• Sie ernähren sich von fast allen Arten organischen Materials.
• Räuberische Insekten haben schneidende und kauende Mundwerkzeuge, andere trinken Nektar durch lange Rüssel und wieder andere stechen nadelartige Saugrüssel durch die Haut von Tieren.

Mücke　　　Laufkäfer　　Schmetterling　　Biene

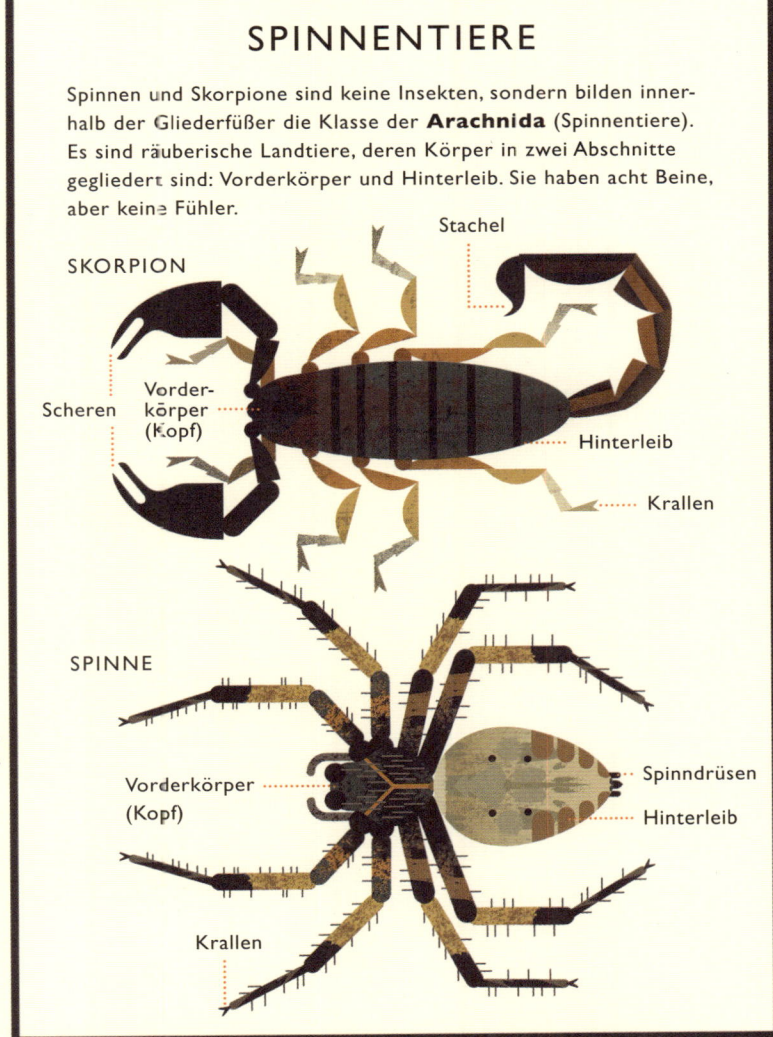

SPINNENTIERE

Spinnen und Skorpione sind keine Insekten, sondern bilden innerhalb der Gliederfüßer die Klasse der **Arachnida** (Spinnentiere). Es sind räuberische Landtiere, deren Körper in zwei Abschnitte gegliedert sind: Vorderkörper und Hinterleib. Sie haben acht Beine, aber keine Fühler.

Stachel

SKORPION

Scheren　Vorderkörper (Kopf)

Hinterleib

Krallen

SPINNE

Vorderkörper (Kopf)

Spinndrüsen

Hinterleib

Krallen

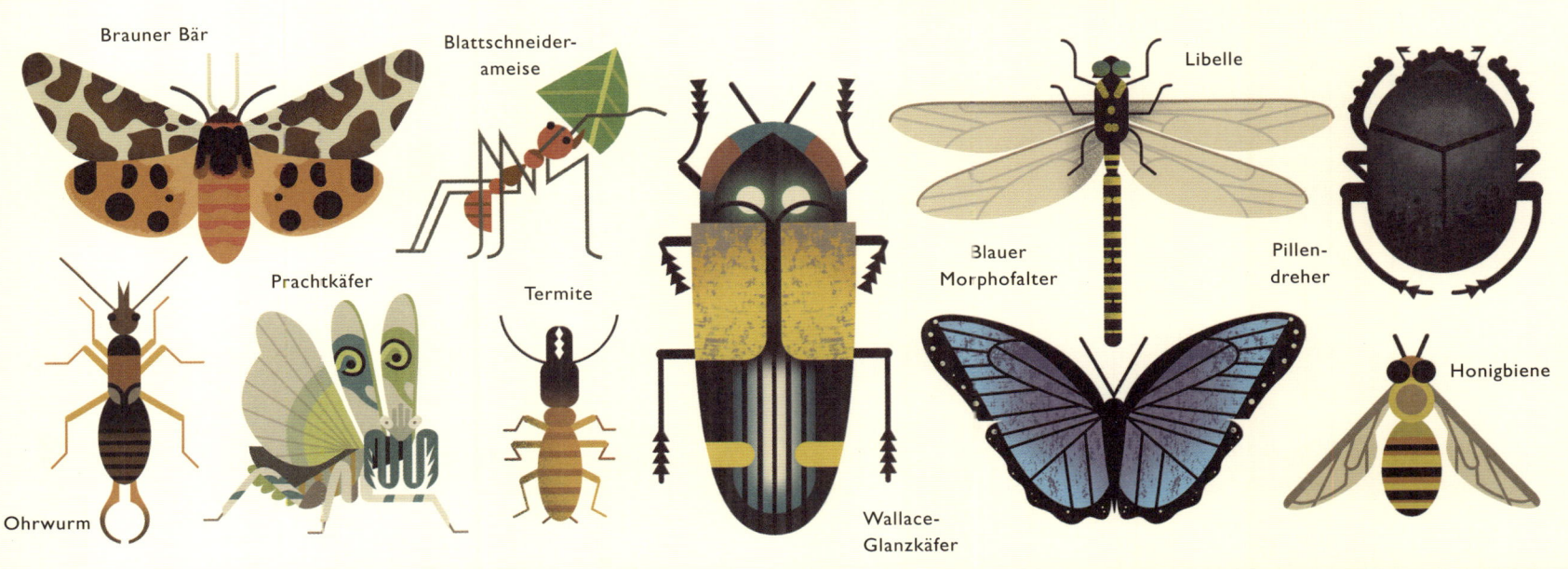

Brauner Bär

Blattschneiderameise

Libelle

Prachtkäfer

Termite

Blauer Morphofalter

Pillendreher

Honigbiene

Ohrwurm

Wallace-Glanzkäfer

BLÜTENPFLANZEN

G

A
B
C
D
E
F

Wenn du das nächste Mal eine Biene siehst, achte auf das gelbe „Höschen" an ihren Hinterbeinen. Manche Arten heben dort den gesammelten Pollen in einer Art Körbchen auf und bringen ihn in den Bienenstock.

H

DIESER HAHNENFUSS ZEIGT ALLE MERKMALE EINER TYPISCHEN BLÜTE. In der Mitte, umgeben von den Blütenblättern, stehen die Staubblätter und Stempel, aus denen die Samen entstehen.

- Blütenfarbe und Nektarduft – Nektar tritt am Grund der Blütenblätter aus – locken Insekten und andere Tiere an. Wenn sie die Blüte besuchen, bleiben die Pollenkörner an den Haaren kleben und werden unbeabsichtigt zur Narbe der nächsten Blüte mitgenommen. Dieser Vorgang heißt Bestäubung. Wenn du genau hinsiehst, wie Bienen um eine Blüte schwirren, fallen dir sicher die Pollenkörner auf, die an den haarigen Beinen kleben. Bestäubung direkt vor deinen Augen!
- Nach der **Bestäubung** verschmelzen Pollen und Eizelle im Fruchtknoten (**Befruchtung**). Daraus entstehen Früchte mit den Samen.

- Einige Pflanzen werden vom Wind bestäubt, der die Pollen von Blüte zu Blüte trägt.
- Manche Pflanzen vermehren sich auch ohne Bestäubung. Sie senden lange, dünne Stängel oder Ausläufer aus, die sich bewurzeln und zu eigenen Pflanzen werden. Erdbeeren können beides.

DIE TEILE EINER BLÜTE

A **Staubblätter** sind die männlichen Teile der Blüte aus
B **Staubbeutel** (Anthere) und
C **Staubfaden** (Filament).

D **Stempel** sind die weiblichen Teile der Blüte aus Fruchtknoten, Griffel und Narbe.
E **Griffel** und **Narbe**. An der klebrigen Narbe

bleibt der Pollen haften.
F Der **Fruchtknoten** enthält die Samenanlagen, die nach der Befruchtung zu Samen werden.

G **Kronblätter** sind oft farbig und locken Bestäuber an.
H **Kelchblätter** hüllen die Blütenknospe ein.

ALLE MÖGLICHEN SAMEN

Nach der Befruchtung fallen die Kronblätter ab und die Frucht mit den Samen wächst heran. Es gibt weiche, saftige, aber auch harte, trockene Früchte. Damit nicht alle Samen direkt neben der Mutterpflanze auskeimen, müssen sie so weit wie möglich transportiert werden. Es gibt vier wichtige Formen der Samenverbreitung: durch Wind, Wasser, Tiere (im Fell oder nach der Passage durch den Darm) oder durch aktives „Abschießen" von der Pflanze.

WIND

Leichte oder fedrige Früchte/Samen werden vom Wind verbreitet oder durch Bewegung der Pflanze aus ihren Hüllen geschüttelt.

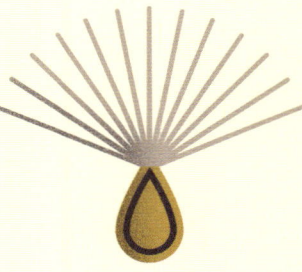
Seidenpflanze

Ahorn

Löwenzahn

Mohn

TIERE

Saftige Früchte werden von Tieren gefressen und die Samen ausgeschieden. Früchte mit Haaren oder Haken bleiben im Fell haften.

Brombeere

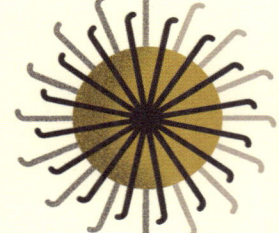
Klette

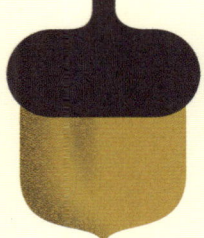
Eichel

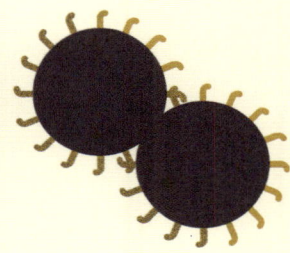
Klebkraut

EXPLOSION

Die Fruchthülle trocknet, reißt auf und schleudert die Früchte/Samen weg, die vom Wind weitergetragen werden.

Erbse

Wiesenstorchschnabel

Veilchen

WASSER

Das Wasser schwemmt die Früchte an einen neuen Standort. Die Seychellenpalme hat die größten Samen (Coco de Mer) der Welt. Sie sind zu schwer und schwimmen nicht.

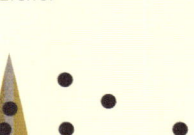
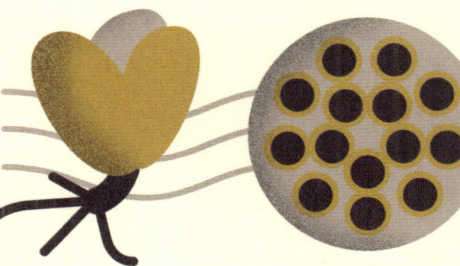
Mangrove

Lotusblume

Schwertlilie

Seychellenpalme

DAS LEBEN IM BIENENSTAAT

EIN BIENENSTAAT BESTEHT FAST AUS-SCHLIESSLICH AUS ARBEITERINNEN. Sie legen keine Eier, sondern sammeln Nektar und Pollen, kümmern sich um die Königin und pflegen und füttern den Nachwuchs. Andere bauen am Nest oder bewachen den Eingang des Bienenstocks.

- In einem Bienenstaat leben etwa 80.000 Bienen und die Königin, die größte Biene im Staat.
- Die Königin legt alle Eier, bei gutem Nahrungsangebot bis zu 2000 Stück am Tag. Sie verbringt ihr ganzes Leben im Bienenstock und wird von den Arbeiterinnen gefüttert und gesäubert.

- Bis auf Königin und Arbeiterinnen halten sich noch einige Hundert kurzlebige männliche Drohnen im Stock auf. Sie haben nur eine Aufgabe: die Paarung mit einer zukünftigen Königin. Nach der Paarung werden sie von den Arbeiterinnen vertrieben und sterben.
- Die Arbeiterinnen formen aus Wachs sechseckige Zellen, die zu Waben zusammengesetzt werden. In den **Brutzellen** wachsen Eier und Larven heran, in Speicherzellen lagern die Bienen Nektar, Honig und Pollen als Futtervorräte für den Sommer. Im Winter leben sie von den Honigvorräten.

- Die Arbeiterinnen füttern die Larven mit Honig, Nektar und Gelée Royale, das sie in Drüsen ihres Kopfes herstellen (zukünftige Königinnen bekommen sehr viel, Drohnen und Arbeiterinnen nur wenig davon).
- Wenn die Kolonie zu groß wird, verlassen die alte Königin und ein paar tausend Arbeiterinnen den Stock – sie „schwärmen". Vorher legt die Königin noch einige Eier in größere „Weiselzellen", in denen neue Königinnen heranwachsen. Die erste Königin, die daraus schlüpft, tötet die ungeborenen Königinnen und übernimmt den Stock.
- Einige Bienenarten, die „Solitärbienen", leben nicht in einem Stock, sondern allein.

Arbeiterin

Arbeiterinnen versorgen die Königin

Nektar-zelle

Pollen-zelle

Honig-zelle

Brut-zelle

Drohn

Weiselzelle mit Puppe einer Königin

Arbeiterin   Drohn   Königin

SO MACHEN BIENEN HONIG
Mit der röhrenförmigen Zunge saugen Arbeiterinnen Nektar aus einer Blüte. Bis ihr Magen voll ist, müssen sie Hunderte von Blüten besuchen. Im Stock würgen sie den Nektar aus. Arbeiterinnen saugen ihn wieder auf und nachdem er so mehrfach den Darm passiert hat, hat er sich in Honig verwandelt.

A   B   C   D   E

DAS LEBEN EINER HONIGBIENE
A Die Königin legt ein Ei in eine **Brutzelle**.
B Nach zwei bis drei Tagen schlüpft eine **Larve**, die von Arbeiterinnen gefüttert wird. Nahrung und Zellgröße bestimmen, was sich daraus entwickelt.
C Arbeiterinnen verschließen die Zelle mit einem **Wachsdeckel**.
D Nach acht Tagen verwandelt sich die Larve in eine **Puppe**.
E 21 Tage nach der Eiablage ist die Entwicklung abgeschlossen; die **ausgewachsene Biene** frisst sich durch den Deckel und beginnt mit der Arbeit im Stock.

TIERE ALS BAUMEISTER

ÜBERALL IN DER NATUR FINDEN SICH STRUKTU-REN, DIE TIERE ERBAUT HABEN, VON SEHR EINFA-CHEN BIS HOCHKOMPLIZIERTEN BAUTEN. Tiere bauen vor allem aus drei Gründen: als sichere Wohnung (1), als Falle für Beutetiere oder Vorratslager (2), oder als Signal für Artgenossen (3), wie die bemerkenswerten „Hütten" der Laubenvögel.

• Die Bauten einiger Tierarten sind außergewöhnlich kompliziert aufgebaut. Sie bieten Sicherheit vor Raubtieren und Schutz vor winterlicher Kälte oder tropischer Hitze. Außerdem werden darin die Jungen aufgezogen und Futter gelagert.

Biber sind geschickte Baumeister, die Dämme bauen und Bäche und Flüsse stauen. In den Seen dahinter errichten sie ihre Biberburg. Biber bauen ihre Burgen aus Zweigen, Stöcken und Schlamm so stabil, dass nicht einmal Bären sie aufknacken können.

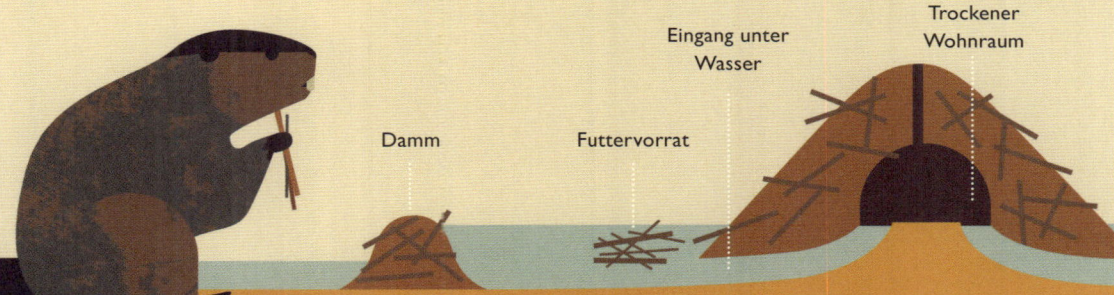

Eingang unter Wasser

Trockener Wohnraum

Damm

Futtervorrat

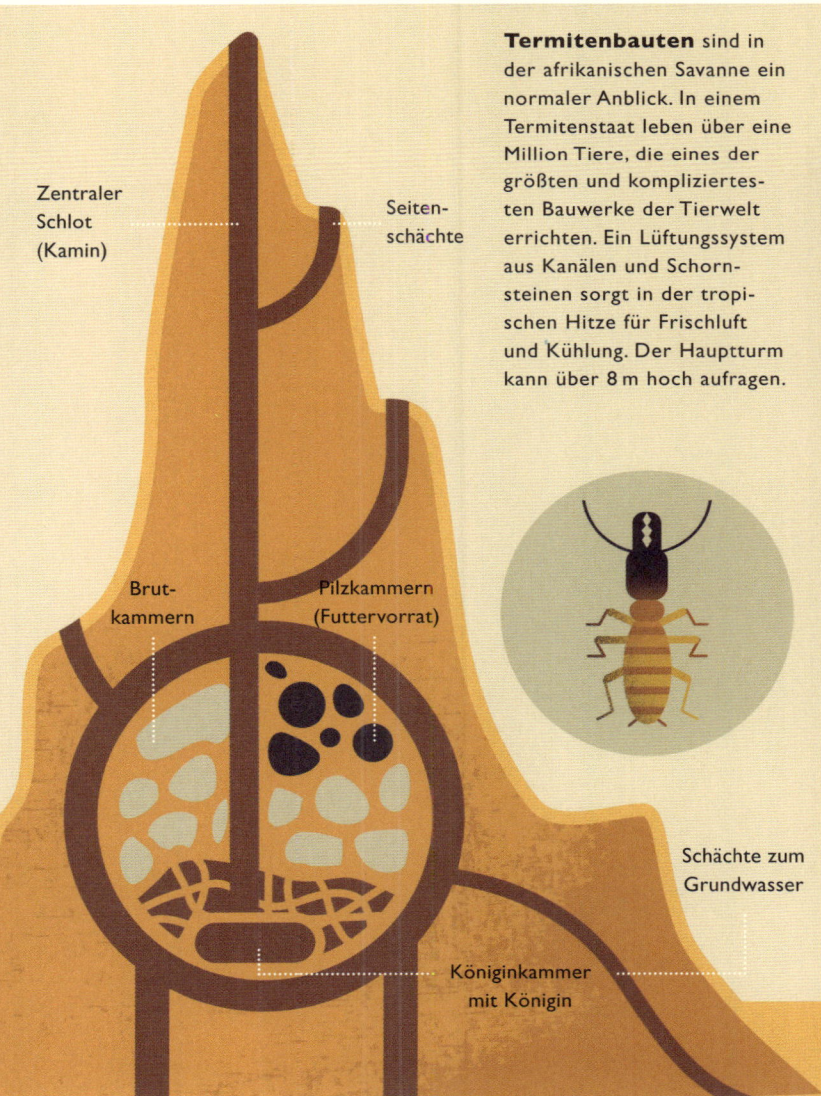

Zentraler Schlot (Kamin)

Seitenschächte

Brut-kammern

Pilzkammern (Futtervorrat)

Schächte zum Grundwasser

Königinkammer mit Königin

Termitenbauten sind in der afrikanischen Savanne ein normaler Anblick. In einem Termitenstaat leben über eine Million Tiere, die eines der größten und kompliziertesten Bauwerke der Tierwelt errichten. Ein Lüftungssystem aus Kanälen und Schornsteinen sorgt in der tropischen Hitze für Frischluft und Kühlung. Der Hauptturm kann über 8 m hoch aufragen.

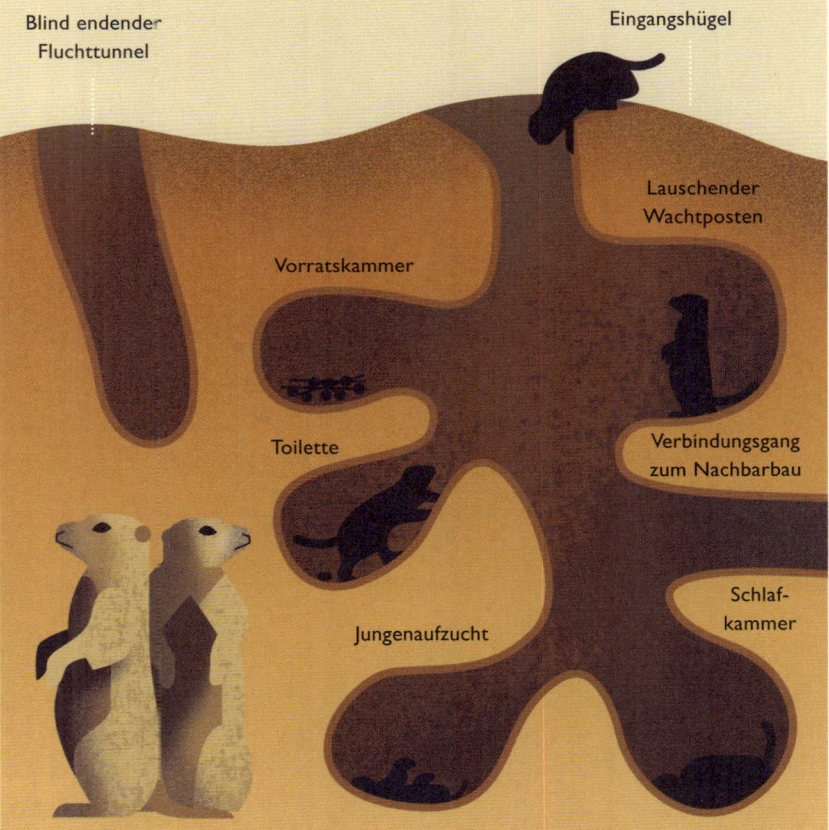

Blind endender Fluchttunnel

Eingangshügel

Lauschender Wachtposten

Vorratskammer

Verbindungsgang zum Nachbarbau

Toilette

Jungenaufzucht

Schlaf-kammer

Präriehunde graben ausgedehnte, unterirdische Baue auf Tausenden von Quadratmetern. Diese „Städte" bestehen aus verbundenen Einzelbauen mit Schlafkammern, Räumen für die Jungenaufzucht und sogar Toiletten. Wachtposten in der Nähe des Ausgangs lauschen auf Raubtiere – die Präriehunde wagen sich nur heraus, wenn die Luft rein ist. Im Winter bleiben sie mehrere Monate im Bau und kommen nur an sehr warmen Tagen zum Fressen ins Freie.

Reisen durch die Natur

AM FLUSS

DAS WASSER HAT KANADA GEPRÄGT: rauschende Wasserfälle in den Gebirgstälern, die von Gletschern ausgehobelt wurden, sowie ein dichtes Netz aus Flüssen, Seen, Teichen und Sümpfen in immergrünen Wäldern. Die Feuchtgebiete und langen, mäandrierenden Flüsse fließen seit Millionen Jahren durch borealen Nadelwald, stürmische Prärien und den Schlamm riesiger Flussdeltas. In dieser Wasserwildnis finden je nach Art des Flusses und der Landschaft Hunderte von Tierarten, vom majestätischen Grizzlybär bis zum Dämme bauenden Biber, Nahrung und Schutz. Mehr über die hier gezeigten Tiere der Feuchtgebiete findest du auf der nächsten Seite.

A

B

C

D

E

F

G

H

I

WER LEBT HIER?

FLÜSSE SPIELEN IM WASSERKREISLAUF DER ERDE EINE WICHTIGE ROLLE. SIE versorgen die Landschaft mit Wasser und Nährstoffen und bewässern 75 % der Landoberfläche. In und an Flüssen leben zahlreiche Tiere. Sie legen Bauten an den Flussufern an, leben auf Inseln mitten im Fluss oder in einem der vielen Feuchtgebiete, die sich entlang der Flüsse auf ihrem Weg ins Meer bilden.

Fast alle Flüsse sind in **Ober-, Mittel- und Unterlauf** gegliedert.
• Nahe der **Quelle**, die meist im Gebirge liegt, fließen sie schnell und reißend und schneiden sich tief in den Boden ein.

• Im **Mittellauf** wird der Fluss breiter, langsamer und fließt in Bögen; er „mäandriert".
• Manchmal verbreitert sich der Fluss zu **Seen** oder **Sümpfen**.
• In langsam fließendem Wasser setzen sich mitgeführte Teilchen ab und bilden **Sandbänke** oder Inselchen.
• Kurz vor der Mündung wird der Fluss noch breiter und fließt sehr langsam.
• Manche Flüsse bilden an der Mündung ein **Delta** aus Schlammbänken und kleinen Flüssen.

A **Weißkopfseeadler** sind majestätische Greifvögel, die über dem Wasser schweben und mit den Krallen Fische packen.

B **Königslachse**, die in den nordamerikanischen Yukon schwimmen, starten im Beringmeer und legen über 3000 km bis zu den Quellbächen zurück.

C **Zobel** sind mit den Wieseln verwandt. Sie jagen kleine Säugetiere, Vögel und Stachelschweine!

D **Grizzlys** versammeln sich im Frühling in großer Zahl an günstigen Stellen an Flüssen, um Lachse zu fangen.

E **Fischotter** sind optimal ans Schwimmen angepasst: Sie haben Schwimmhäute und können Nase und Ohren verschließen.

F **Biber** verändern mit ihren Dämmen und Burgen das Gesicht eines Flusses. Ein Damm kann mehrere Generationen lang benutzt werden.

G **Zierschildkröten** leben in Seen und langsam fließenden Flüssen. Sie sind in Nordamerika weit verbreitet.

H **Blauhäher** fressen vor allem Nüsse und Samen, jagen aber auch Insekten und wirbellose Tiere am Flussufer.

I **Flachkopfwelse** sind gefräßige Raubfische, die in tiefen Teichen, Seen und langsam fließenden Flüssen leben und über 1,50 m lang werden.

J Der große **See-Stör** wühlt den Grund mit seiner spatenförmigen Schnauze auf und ortet die Beute mit den empfindlichen Barteln, die neben seinem Maul herabhängen.

K **Eistaucher** haben Schwimmfüße; sie schwimmen umher und schnappen ihre Beute mit dem spitzen Schnabel.

L Die **Riesentafelente** ist die größte Tauchente Nordamerikas.

M **Elche** fressen große Mengen Wasserpflanzen, weil sie sehr viel Natrium enthalten.

N Der Nordamerikanische **Ochsenfrosch** wird bis 20 cm lang.

O **Bisamratten** bauen „Burgen" aus Schilf oder graben Baue in Uferböschungen, in denen sie nisten und Schutz suchen.

P **Gürtelfischer** sitzen auf einem Zweig über dem Wasser und lauern auf Fische.

Q **Schreikraniche** wühlen auf der Suche nach kleinen Krebs- und Weichtieren mit dem Schnabel im Schlamm.

R **Schneegänse** überwintern in großen Schwärmen in den Küstensümpfen.

S **Spießenten** verdanken ihren Namen den langen, mittleren Schwanzfedern.

T **Trompeterschwäne** sind für ihre lauten, melodischen Rufe bekannt.

U **Kanadagänse** fliegen in einer energiesparenden, V-förmigen Formation. Jede Gans übernimmt abwechselnd die anstrengende Spitzenposition.

Quelle
OBERLAUF
Stromschnelle
Sumpfiges Ufer
MITTELLAUF
Sandbank
UNTERLAUF
Delta

LEBEN IM SUMPF

DAS ARTENREICHE ÖKOSYSTEM MANGROVENWALD, das vom Wechsel der Gezeiten abhängig ist, bildet für Tiere eine Brücke zwischen Land und Meer. Während die meisten Pflanzen in dem heißen, schlammigen, salzigen Lebensraum sterben würden, gedeihen die Mangroven dank einzigartiger Anpassungen hervorragend im Brackwasser (Wechsel von Süß- und Salzwasser) der Gezeitenzone.

• Mangroven bilden einen Sumpfwald mit einem Labyrinth von Wasserkanälen, in denen zahlreiche Tiere existieren. Auch sie haben sich an das Leben in dieser oft unzugänglichen Wildnis mit wechselndem Wasserstand und Schlammablagerung angepasst.
• Das Gewirr der Mangrovenwurzeln bietet Fischen und vielen anderen Wassertieren, von Seepocken und Krebsen bis zu Seeanemonen und Schwämmen, eine sichere Kinderstube.
• Über dem Wasser rasten Vögel in den Bäumen, jagen Schlangen und Krokodile, und auf den Ästen sitzen kletternde Krabben (Episesarma).
• Die indischen Sundarbans gehören zu den größten Mangrovenwäldern der Erde; auf den Inseln geht die weltweit dichteste Population von Bengalischen Tigern auf die Jagd nach Affen und Wildschweinen.

Auf Stützwurzeln stehen die Mangroven über dem steigenden und fallenden Wasser und verankern die Stämme sicher im Boden.

Das schädliche Salz wird von Blattdrüsen ausgeschieden oder mit den alten Blättern abgeworfen.

Mangrovensamen werden vom Wasser verbreitet. Allerdings keimen sie schon auf der Mutterpflanze aus.

Durch die Membranen der Wurzelzellen kann kein Salz in die Wurzeln eindringen.

Die **Atemwurzeln** ragen bis über die Wasseroberfläche und versorgen die Bäume mit Luft.

LEGENDE ZU DEN ARTEN

A **Graukopf-Seeadler**
B **Braunflügelliest**
C **Rhesusaffe**
D **Mangroven-Nachtbaum-natter**
E **Großer Marabu**
F **Mangrove (Baum)**
G **Winkerkrabbe**
H **Gavial**
I **Mangrovenschlammspringer**
J **Bengalischer Tiger**
K **Maskenbinsenralle**

VIELFARBIGE AMPHIBIEN

AMPHIBIEN GEHÖREN ZU DEN FARBIGSTEN TIEREN DER ERDE – VON DEN LEUCHTEND BUNTEN FRÖSCHEN UND KRÖTEN BIS ZU DEN GLITSCHIGEN SALAMANDERN. Es sind wechselwarme Tiere in drei Hauptgruppen: Molche und Salamander (1), Frösche und Kröten (2) und die wenig bekannten Blindwühlen (3). Viele leben in den Tropen und gemäßigten Breiten in der Nähe von Wasser; einige Arten haben sich stärker an das Landleben angepasst.

- Die Nachfahren der Fleischflosser (Fische) waren die ersten modernen Amphibien; sie tauchen vor über 300 Mio. Jahren auf.
- Sie sind gut an das Leben im Wasser und an Land angepasst. Das Leben vieler Arten beginnt als Larve, die im Wasser durch Kiemen atmet. Nach einer Metamorphose, in denen ihnen eine Lunge wächst, leben die Erwachsenen an Land. Viele tropische Arten entwickeln sich direkt, ohne ein Larvenstadium, und kommen lebend zur Welt.

- Die Haut ist ein lebenswichtiges Organ: Sie ist durchlässig für Wasser und wird durch Schleimdrüsen feucht gehalten; außerdem kann sie Sauerstoff aufnehmen. Einige Arten haben überhaupt keine Lungen, sondern atmen nur durch ihre Haut und die Mundschleimhäute.
- Die Hautdrüsen vieler Amphibien bilden giftige oder eklig schmeckende Substanzen. Besonders giftige Arten zeigen das durch leuchtende Farben an.

Molche und **Salamander** haben unterschiedliche Lebenszyklen, ähneln aber am stärksten den Vorfahren aller Amphibien. Molche verbringen viel Zeit an Land, müssen sich aber im Wasser fortpflanzen. Einige Salamander leben dauernd im Wasser, andere sind Landtiere. Bis auf den Chinesischen Riesensalamander, der fast 2 m lang wird, sind die meisten Amphibien kleine Tiere.

Grottenolm

Tiger-Querzahnmolch

Kammmolch

Rotaugenlaubfrosch

Grasfrosch

Erdkröte

Java-Flugfrosch

Rotbauchunke

Frösche und **Kröten** sind die bekanntesten Amphibien und stellen mit 6500 lebenden Arten auch die größte Gruppe. Sie leben meist in feuchter Umgebung, legen ihre Eier aber im Wasser ab. Einige Arten graben sich Höhlen in die Erde und haben dazu im Zuge der Evolution hornige Schwielen auf den Hinterfüßen ausgebildet. Andere Arten können mit klebrigen Haftscheiben auf den Finger- und Zehenspitzen sehr gut klettern. Im Wasser lebende Arten haben Schwimmhäute. Frösche sind bekannt für die großen Sprünge, mit denen sie Angreifern entwischen. Manche zeigen Fressfeinden aber mit leuchtenden Signalfarben, dass sie giftig sind oder eklig schmecken.

Blindwühlen leben verborgen in unterirdischen Höhlen oder im Wasser. Die beinlosen, langen Tiere mit der geringelten Haut werden häufig für Würmer gehalten. Die meisten Arten leben in tropischen Wäldern zwischen feuchtem Laub und im Boden und spüren ihre Beute mit dem Geruchssinn auf.

FROSCHFÜSSE – GUT ANGEPASST

SCHWIMMEN
Schwimmhäute

KLETTERN
Haftscheiben, weit ausgebreitete Zehen

GRABEN
Hornschwielen

WER LEBT IM TEICH?

UNTER DER TEICHOBERFLÄCHE WIMMELT ES IM FRÜH-
LING VON LEBEN. Wenn in den gemäßigten Breiten die langen,
ruhigen Wintermonate vorbei sind, steigt die Temperatur
und die Tage werden länger. Zahlreiche Tiere sind nun aktiv
und zeigen ihre bunten Farben.
Die Frühlingsblumen locken mit ihren Blüten Bestäuber an.
Viele Tierarten verändern ihr Aussehen und zeigen sich im
bunten Paarungskleid – vom glänzend grünen Kopf der männlichen Stockenten bis zum feuerroten Bauch des Dreistachligen
Stichlings. Unter dem Mikroskop wimmelt es auch im Teichwasser
von Leben: Die Larven zahlreicher Wasserinsekten sind für viele
Tiere eine wichtige Nahrung.

48

LEGENDE ZU DEN ARTEN

A **Libellen**
B **Libellennymphe**
C **Rohrkolben**
D **Kreuzkröte**
E **Gelbe Teichrose**

F **Stockente** (Weibchen)
G **Stockente** (Männchen)
H **Mosaikjungfer**
I **Rückenschwimmer**
J **Sumpfschwertlilie**

K **Sumpfdotterblume**
L **Wasserfloh**
M **Kammmolch** (Männchen)
N **Kammmolch** (Weibchen)
O **Laichkraut**

P **Mückenlarve**
Q **Posthornschnecke**
R **Dreistachliger Stichling**
S **Gelbrandkäfer**

LIEBESGESCHICHTEN

DIE WAHL DES RICHTIGEN PARTNERS IST EIN WESENTLICHER TEIL DER ÜBERLEBENSSTRATEGIE. Ein starker, cleverer Partner gibt vielen Tierarten die Sicherheit, dass ihre Jungen überleben und später selbst einen ähnlich „fitten" Partner finden werden. Für Tiere, die in Gruppen oder Herden leben, ist die Partnerwahl nicht schwierig. In der Paarungszeit konkurrieren Männchen miteinander, manchmal sogar in Kämpfen bis zum Tod des Gegners. Das stärkste Männchen darf sich paaren, oft mit mehreren Weibchen. Mit der Brunft der Rothirsche, den blutigen Körperstößen männlicher See-Elefanten und den Kopfstößen der Warzenschweine stellt die Natur sicher, dass das „fitteste" Männchen die Nachkommen zeugt.

BEI EINZELN LEBENDEN TIERARTEN MÜSSEN SICH DIE PARTNER ZUNÄCHST FINDEN. Dann muss einer der Geschlechtspartner, meist das Männchen, seine Fähigkeiten als Paarungspartner beweisen. Erst nach dieser Balz ist das Weibchen zur Paarung bereit.
• Manche Arten locken die Partner über einfache Signale an: Mottenmännchen können die Pheromone der Weibchen kilometerweit riechen, auch das Quaken vieler Frösche ist ein Paarungssignal.
• Andere Arten setzen auf sichtbare Signale wie leuchtende Farben im Balzkleid, das sie nur zur Paarungszeit tragen. In fast allen Fällen verändern nur die Männchen ihr Aussehen. Die Weibchen bleiben unauffällig gefärbt. Sie brauchen diese Tarnung, um bei der Aufzucht der Jungen nicht aufzufallen.

Männlichen **Kammmolchen** wächst zur Paarungszeit ein großer, gezackter Kamm auf dem Rücken, der die Weibchen anlockt. Wenn er im Frühling durch sein Unterwasserrevier schwimmt, präsentiert er den leuchtend orange gefärbten Bauch.

Männliche **Fregattvögel** blasen einen auffälligen Kehlsack auf, um die zusehenden Weibchen zu beeindrucken. Im Unterschied zu vielen anderen Tieren können Vögel Farben sehen, daher das oft leuchtend bunte Federkleid, das in der Balz zur Strategie der Partnerwahl gehört.

Beim Paarungstanz der **Haubentaucher** heben beide Partner den Kopf, stellen die Federn auf Kopf und Hals auf und beginnen zu tanzen. Dazu gehören Kopfschütteln, Schnäbeln und Verbeugungen, dann tauchen beide ab. Sie holen Pflanzen hoch und paddeln heftig mit den Füßen, bis sie hoch aus dem Wasser ragen. Dann „schenken" sie sich gegenseitig die Pflanzen. Nach der Paarung bauen sie zusammen ein Nest und ziehen auch die Jungen gemeinsam auf. Sie bringen ihnen bei, nach Futter zu tauchen, und tragen die Küken auf dem Rücken umher, bis sie selbst für sich sorgen können.

Männliche **Hüttengärtner** haben eine komplizierte Balzstrategie: Sie bauen eine „Hütte" aus Zweigen, dann verzieren sie den Eingang mit gesammelten Objekten der gleichen Farbe. Das können Beeren, Blüten, Käferflügel oder sogar Flaschenverschlüsse sein, solange die Farbe stimmt. Der Hüttenbau und das sorgfältige Aufschichten der Objekte dauert mehrere Tage. Die Hütte dient ausschließlich der Balz. Nach der Paarung baut das Weibchen ein unauffälliges Nest und legt seine Eier hinein.

Eine männliche **Pfauenspinne** richtet einen bunten Hautlappen am Hinterleib auf, um das viel größere Weibchen anzulocken. Er zittert mit dem Hinterleib, wedelt mit den Beinen über dem Kopf und tänzelt hin und her, um sie zu beeindrucken. Für ihn steht sehr viel auf dem Spiel: Wenn er seine Partnerin nicht überzeugen kann, kommt es nicht zur Paarung, sondern sie frisst ihn auf!

HIMMLISCHE TÄNZER

KEINE BALZ IN DER TIERWELT LÄUFT OPTISCH SPEK-
TAKULÄRER AB ALS DIE WERBUNGSTÄNZE DER MÄNN-
LICHEN PARADIESVÖGEL. Ihr Prachtkleid, rhythmische Rufe
und außergewöhnliche Bewegungen haben nur einen Zweck:
Sie wollen mit der kompliziertesten Balz der Welt die Auf-
merksamkeit eines paarungsbereiten Weibchens erregen.
• Die 41 Arten Paradiesvögel leben fast alle in den Regenwäldern Neuguineas und der umliegenden Inseln.
• Die Männchen rucken mit den Federn hin und her oder
breiten große Kragen oder Fächer aus. Sie springen, tanzen,
hängen sich kopfunter an Zweige und begleiten die Tänze oft
mit lauten Rufen.

• Die Balz wirkt noch prächtiger, weil das Gefieder der Männchen dank metallisch glänzender, schillernder Abschnitte oder
langer Kopf- oder Schwanzfedern besonders auffällig ist.
• Die Weibchen sehen dagegen betont unauffällig aus; ihnen
fehlen die Schmuckfedern der Männchen. Wenn sie einen
Partner gewählt haben, bauen sie ein einfaches Nest und
ziehen die Jungen allein auf.
• Da es auf den Inseln kaum natürliche Feinde gibt, vermuten
Biologen, dass sich die Männchen im Zuge einer viele Jahr-
tausende dauernden Evolution völlig ungestört ausschließlich
auf die komplexen, farbenprächtigen Balzrituale spezialisie-
ren konnten.

D

E

F

Ein männlicher Kragenparadiesvogel im Balzkleid.

F

LEGENDE ZU DEN ARTEN

A **Raggiana-Paradiesvogel**. Bis zu 20 Männchen versammeln sich auf einem Baum und balzen vor den zusehenden Weibchen: Sie rufen laut und werfen dabei die langen, seidigen Schwanzfedern über den Kopf.

B **Wimpelträger** haben extrem lange Kopffedern. Für die Balz suchen sie sich einen geeigneten Baum aus, setzen sich auf die Spitze und schwingen die wimpelartigen Kopffedern in einem Bogen von 180° hin und her.

C **Strahlenparadiesvogel**. Bevor das Männchen seinen Balztanz beginnt, räumt es einen Tanzplatz auf der Erde frei. Wenn er seine langen Halsfedern zu einem „Rock" ausbreitet, erinnert er an eine Ballerina im Tutu. Er ruckt seine schillernden Kehlfedern auf und ab, hüpft von einem Fuß auf den anderen und schwenkt die Kopffedern virtuos hin und her.

D **Königsparadiesvogel**. Das Männchen plustert sich bei seiner Vorstellung zu einem Federball auf und schwenkt die 14 cm langen Schwanzfedern (fast so lang wie sein Körper) mit den bunten Spitzen über den Kopf.

E **Prachtparadiesvogel**. Er tanzt auf einem Ast auf und ab, bewegt den Kopf hin und her und zeigt dabei seine prächtig schillernden Kehlfedern. Dazu machen seine vibrierenden Flügel ein lautes Geräusch.

F **Kragenparadiesvogel**. Seine Balz fällt besonders kunstvoll aus: Um das Weibchen zu beeindrucken, breitet er seine Brust- und Halsfedern mit Neon-Markierungen zu einem enormen Brustschild aus. Er hüpft vor und zurück und macht dabei laute Klickgeräusche – alles nur, damit die Weibchen ihn für unwiderstehlich halten.

Ein weiblicher Kragenparadiesvogel im Nest.

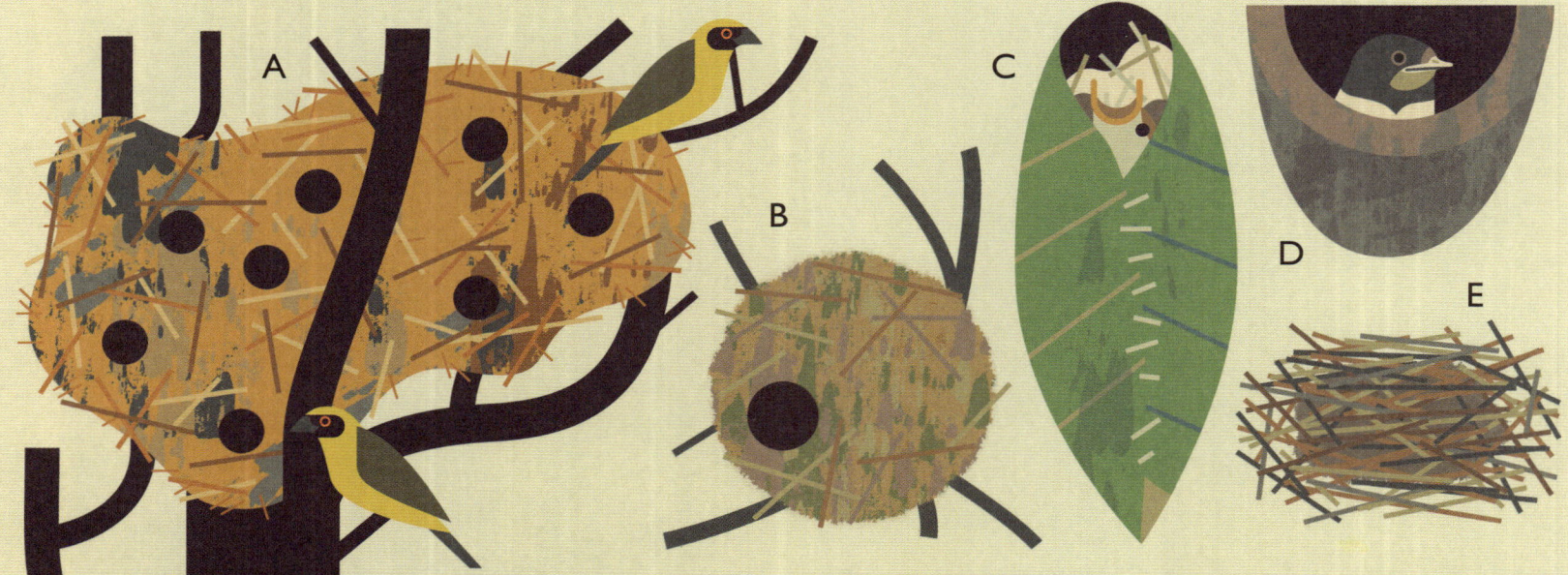

VIELFALT DER NESTER

VIELE TIERE BAUEN NESTER. Sie sammeln passendes Nistmaterial und konstruieren daraus eine Wohnung, die ihnen Schutz bietet oder in der sie ihre Jungen aufziehen. Die bekanntesten und auch vielgestaltigsten Nester bauen die Vögel, vom unordentlichen Zweighaufen der Störche bis zu sorgfältig geflochtenen Körben mancher Singvögel. Ähnliche Nester bauen auch die Fische, während Säugetiere und Insekten Höhlen bevorzugen.

A Siedlungswebervögel. Mehrere Tierarten, wie diese afrikanischen Webervögel, leben in Gemeinschaftsnestern. Sie konstruieren gigantische Grasnester, in denen mehrere Hundert Paare brüten. Jedes Paar hat innerhalb des Baus ein separates Nest. Solche Riesennester können so schwer werden, dass der Baum unter dem Gewicht zusammenbricht.

B Schwanzmeisen bauen kugelförmige Nester aus Flechten, Federn, Spinnenseide und Moos. Für ein einziges, winziges Nest brauchen sie viele Tausend Fasern. Zur Tarnung bedecken die Meisen die Außenseite des Nestes mit Flechtenstücken. Dann polstern sie es innen mit weichen Daunen aus und legen ihre Eier hinein.

C Rotstirn-Schneidervögel „nähen" eine Wiege aus großen Blättern mit Pflanzenfasern oder Spinnenseide zusammen. Die Blätter zeigen nach außen, so ist das Nest bestens getarnt.

D Rauchschwalben gehören zu den Vogelarten, die Schlammnester bauen. Sie formen aus feuchtem Schlamm, den sie im Schnabel tragen, ein tassenförmiges Nest unter den Dächern von Gebäuden.

E Weißstorch. Viele große Vögel bauen Nester aus Stöcken. Störche brüten gerne in der Nähe der Menschen, oft auf Hausdächern. Die Paare kehren jedes Jahr zum selben Nest zurück.

Männliche **Dreistachlige Stichlinge** scharren eine Mulde ins Flussbett und bauen ein tunnelartiges Nest darüber. Dann balzen sie mit einem Zickzacktanz solange ein Weibchen an, bis es in den Tunnel schwimmt und Eier ins Nest legt. Er folgt ihr hinein und befruchtet die Eier.

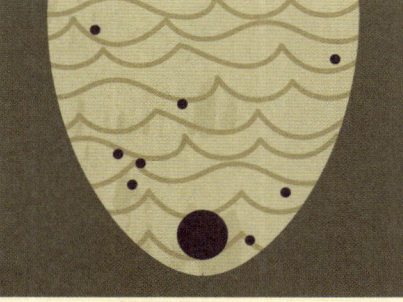

Alle **Wespen**, sowohl die einzeln als auch in Kolonien lebenden Arten, bauen Nester. Sie benutzen aber kein Wachs wie die Bienen, sondern eine Papiermasse: Sie schaben mit den Mandibeln Holzfasern ab, zerkauen sie zu einem Brei und bauen daraus das Nest.

Spinnen und andere Tiere legen ihre Eier in Kokons aus Seide, die sie meist an Pflanzen befestigen.

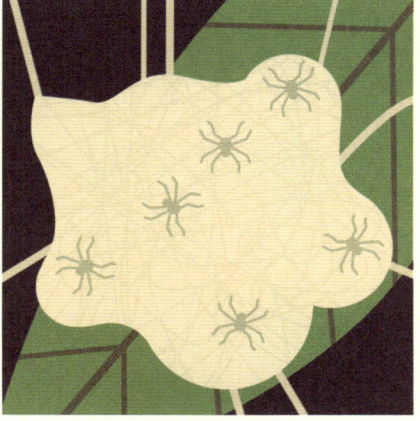

Haselmäuse verschlafen einen Großteil ihres Lebens. Für den Winterschlaf bauen sie Bodennester unter Baumwurzeln oder Holzstößen. Im Sommer flechten sie ein Nest aus Baumrinde, Blättern und Gräsern unter Pflanzen. Wenn das Futter knapp wird oder bei kaltem, nassem Wetter, rollen sie sich zusammen und schlafen, bis sich die Bedingungen verbessern.

ALLES ÜBER EIER

Obwohl viele Tierarten Eier legen, sind Vogeleier sicher die bekanntesten. Ihre harte Schale schützt den Embryo im Innern. Kalziumkarbonat, der wichtigste Baustoff der Eierschale, ist eine weiße Substanz, die durch Einlagerung anderer Pigmente farbig oder gemustert erscheint. Vögel, die auf Bäumen brüten, legen eher blaue oder grüne Eier, während Boden-brüter zur besseren Tarnung die Farbe und Muster der Schale dem Boden anpassen.

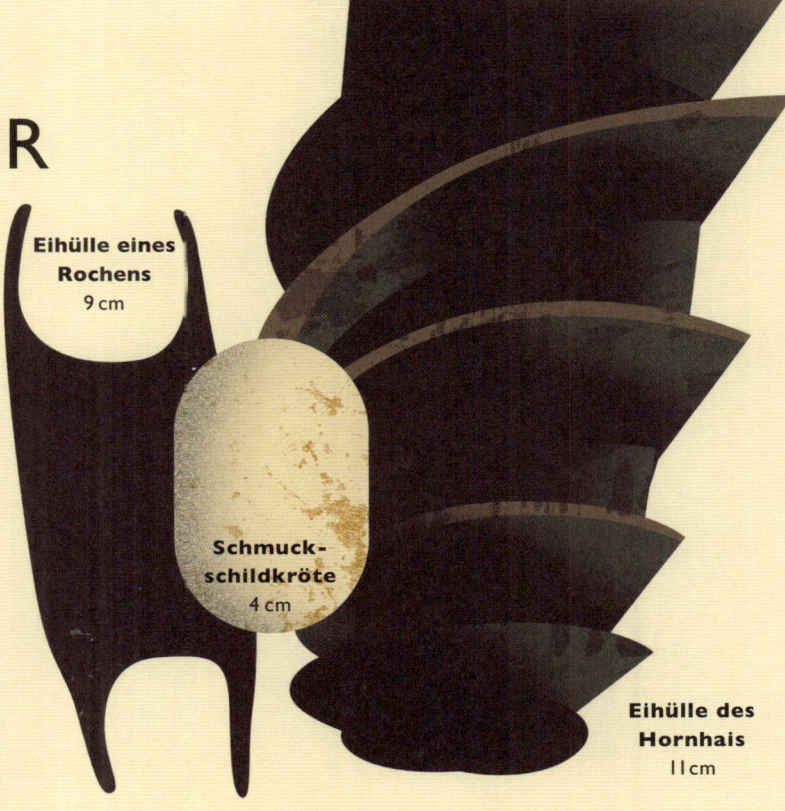

Eihülle eines Rochens
9 cm

Schmuck-schildkröte
4 cm

Eihülle des Hornhais
11 cm

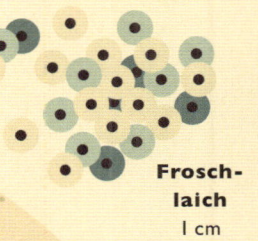

Frosch-laich
1 cm

Schmetterlingseier
1–3 mm

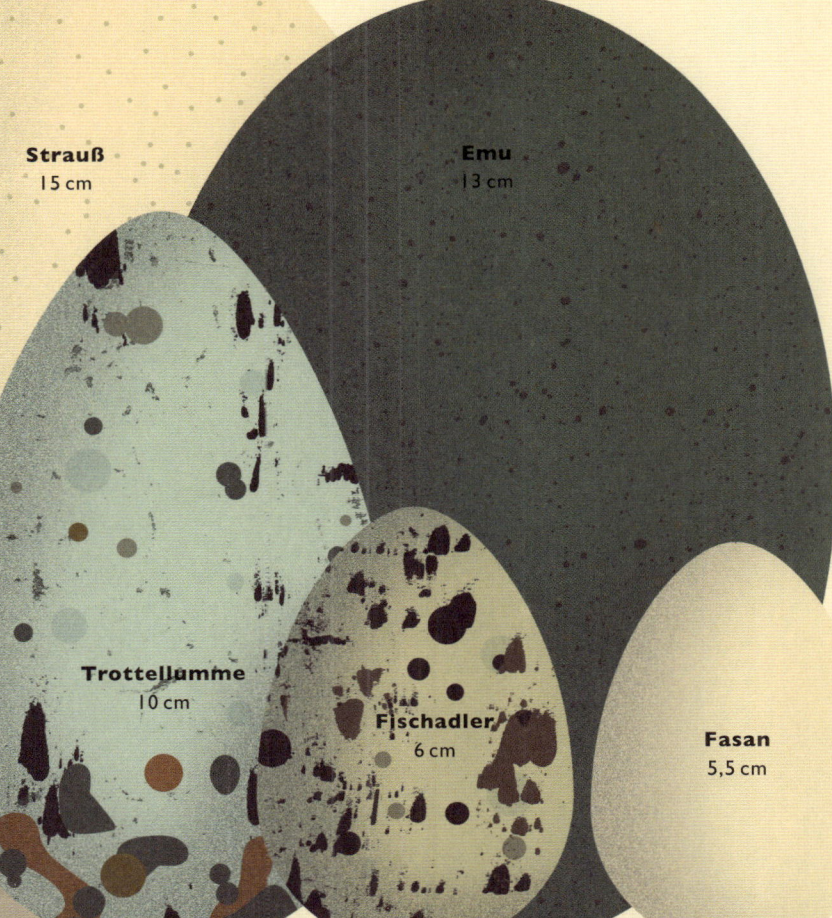

Strauß
15 cm

Emu
13 cm

Trottellumme
10 cm

Fischadler
6 cm

Fasan
5,5 cm

- Strauße legen die größten Eier; sie sind bis 15 cm lang. Das kleinste Ei legt die Bienenelfe; es ist nur so groß wie eine Erbse.
- Die Eier von Trottellummen und anderen Vögeln, die auf Klippen brüten, sind an einem Ende schmaler. Daher rollen sie stets in einem engen Kreis und fallen nicht versehentlich von einem Felsvorsprung herunter.
- Während Vogeleier durch die Wärme der Eltern ausgebrütet werden, vergraben viele Rep-tilien ihre ledrigen Eier. Die geschlüpften Jungen müssen sich dann alleine durchschlagen.
- Fische und Amphibien legen in der Regel geleeartige Eier (Laich) im Wasser ab. Viele Arten legen große Mengen Eier auf einmal; sie werden von den Männchen erst nach der Eiab-lage befruchtet.
- Bei manchen Haiarten reifen die Eier innerhalb einer Schutzhülle heran. Wenn die Junghaie ge-schlüpft sind, spült das Meer die leeren Eihüllen („Nixen-täschchen") ans Ufer – du findest sie regelmäßig am Strand.
- Auch viele wirbellose Tiere legen Eier, unter anderem Insekten, Spinnen, Weichtiere und Krebse. Insekteneier werden häufig auf die Unter-seite von Blättern geklebt; es gibt zahlreiche unterschiedliche Formen.
- Kloakentiere sind die einzigen eierlegenden Säugetiere. Sie haben wie bei den Reptilien eine ledrige Hülle und werden in einen Erdbau gelegt.

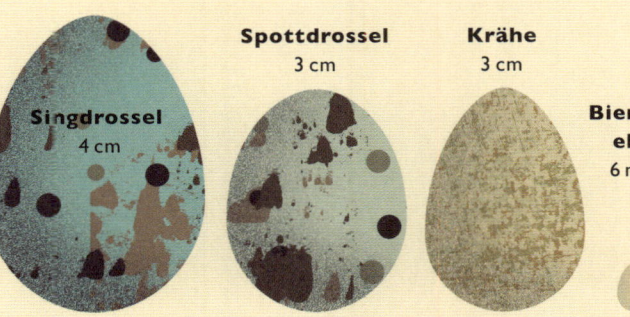

Spottdrossel
3 cm

Krähe
3 cm

Singdrossel
4 cm

Bienen-elfe
6 mm

BILDTAFEL 50

Natur im Brennpunkt
DAS MERKWÜRDIGE SCHNABELTIER

SCHNABELTIERE UND IHRE ENGEN VERWANDTEN, DIE SCHNABEL-
IGEL, DÜRFTEN ZU DEN MERKWÜRDIGSTEN TIEREN DER ERDE
GEHÖREN. Sie sind Kloakentiere, die einzigen eierlegenden Säugetiere.
Schnabeltiere haben eine schnabelförmige Schnauze, einen Biberschwanz,
Schwimmfüße und einen gedrungenen Körper mit bräunlichem, wasser-
abweisendem Fell.
• Schnabeltiere leben in den Flüssen von Ostaustralien. Sie graben Höhlen
  in Uferböschungen, in die sie ein bis zwei Eier mit ledriger Schale legen.
• Die geschlüpften Jungen werden drei bis vier Monate von der Mutter mit
  Milch versorgt. Wenn sie auf die Jagd geht, schließt sie ihre Jungen ein
  und lässt sie manchmal mehr als 24 Stunden allein.

Die Männchen
wehren sich mit
einem Giftstachel
am Hinterfuß
gegen Rivalen.

Schwimmhäute

Plüschiges,
maulwurfartiges Fell

Beim Tauchen
verschließt es Augen
und Ohren.

Der empfindliche
Schnabel ist mit
gummiartiger Haut
bedeckt.

Der Schnabel regist-
riert elektrische
Signale aus den
Muskeln seiner Beute.

Eier mit ledriger Schale

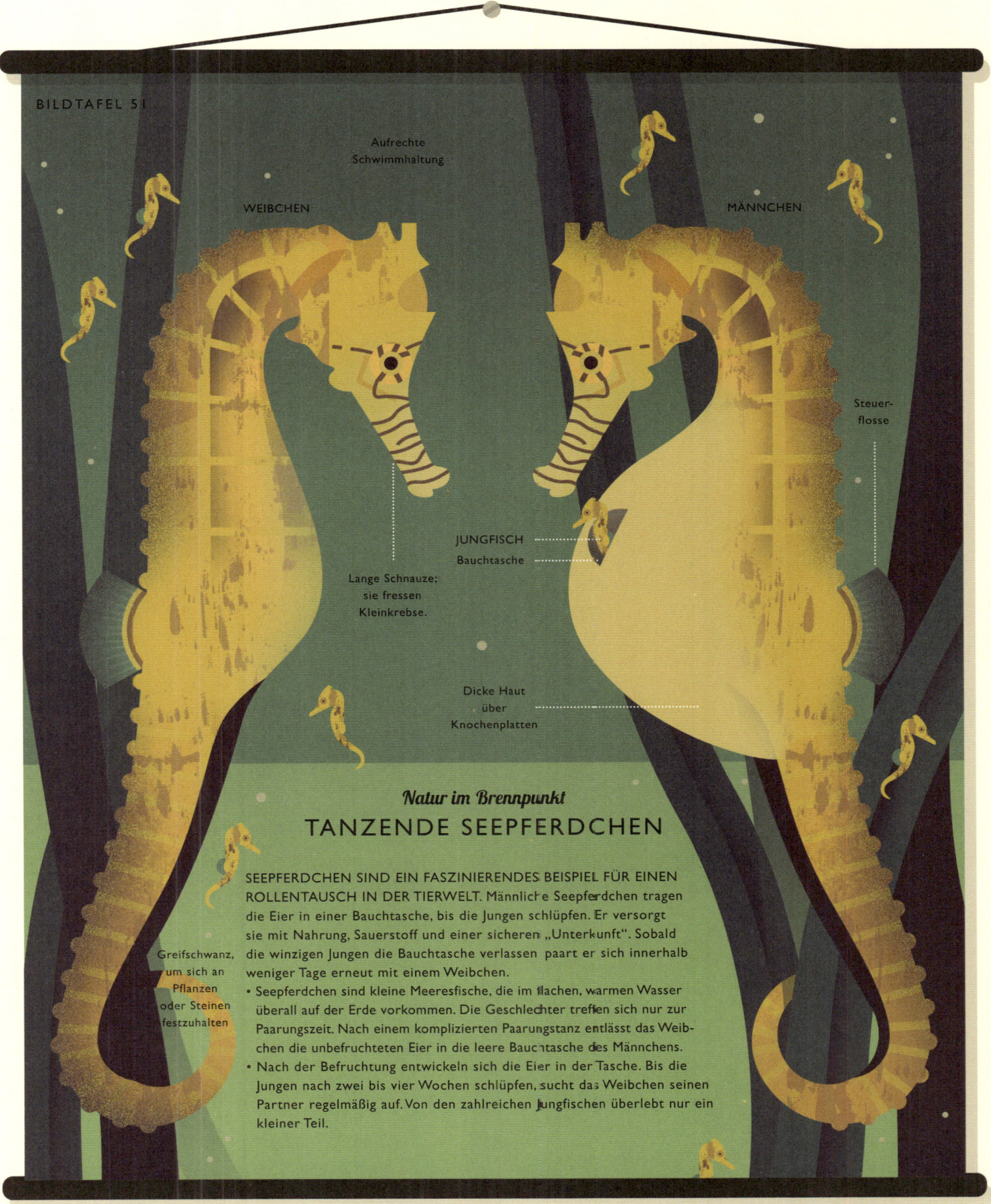

53

Aufrechte
Schwimmhaltung

WEIBCHEN

MÄNNCHEN

Steuer-
flosse

JUNGFISCH

Bauchtasche

Lange Schnauze;
sie fressen
Kleinkrebse.

Dicke Haut
über
Knochenplatten

Greifschwanz,
um sich an
Pflanzen
oder Steinen
festzuhalten

Natur im Brennpunkt

TANZENDE SEEPFERDCHEN

SEEPFERDCHEN SIND EIN FASZINIERENDES BEISPIEL FÜR EINEN ROLLENTAUSCH IN DER TIERWELT. Männliche Seepferdchen tragen die Eier in einer Bauchtasche, bis die Jungen schlüpfen. Er versorgt sie mit Nahrung, Sauerstoff und einer sicheren „Unterkunft". Sobald die winzigen Jungen die Bauchtasche verlassen paart er sich innerhalb weniger Tage erneut mit einem Weibchen.

• Seepferdchen sind kleine Meeresfische, die im flachen, warmen Wasser überall auf der Erde vorkommen. Die Geschlechter treffen sich nur zur Paarungszeit. Nach einem komplizierten Paarungstanz entlässt das Weibchen die unbefruchteten Eier in die leere Bauchtasche des Männchens.

• Nach der Befruchtung entwickeln sich die Eier in der Tasche. Bis die Jungen nach zwei bis vier Wochen schlüpfen, sucht das Weibchen seinen Partner regelmäßig auf. Von den zahlreichen Jungfischen überlebt nur ein kleiner Teil.

ZUSAMMEN

VIELE TIERARTEN HABEN BESSERE ÜBERLEBENSCHAN-CEN, WENN SIE MIT ARTGENOSSEN ZUSAMMENLEBEN. Während manche allein lebende Tierarten sich nur zur Paarung mit einem Partner treffen, bilden andere dauer-hafte soziale Gruppen. Solche Gruppen können wenige, aber auch viele Hundert Individuen stark sein. Lockere Gruppen wie Insektenschwärme bestehen nur einige Tage, während manche Familiengruppen lebenslang halten.

Schwertwale sind sehr soziale Tiere, die in Familiengruppen von bis zu 30 Tieren mit einem dominanten Weibchen leben. Alle Mitglieder der Gruppe kümmern sich um die Neugeborenen. Die Bindung an die Mutter hält ein Leben lang. Die Jungtiere und deren Nachkommen bleiben in der Gruppe.

Weidetiere wie **Zebras** schließen sich häufig in großer Zahl zu Herden zusammen. Da sie in ihrem Lebens-raum wenig Schutz vor Raubtieren finden, verbessern sie ihre Überlebens-chancen in der Gruppe: Raubtiere können Einzeltiere nur schwer aus dem Herdenverband lösen und stets gibt es genügend wachsame Augen, die einen Angriff rechtzeitig bemerken. Daher schließen sich viele Beutetiere zu größeren Gruppen zusammen.

Auch wenn sich Tiere zu Familien- oder größeren Gruppen zusammentun, bleiben sie einzelne Individuen. Es gibt allerdings viele wirbellose Tiere, die dauerhaft als untrennbare Kolonien zusammenleben. Die wichtigste dieser Gruppen sind die **Riffkorallen**. Tausende von Einzelpolypen scheiden ein Kalkskelett aus, in dem alle zusammenleben. Riffe bieten auch vielen anderen Lebewesen Schutz.

LEBEN

Wölfe leben in Familiengruppen (Rudeln) aus acht bis zwölf Tieren. Im Rudel herrscht eine stabile Rangordnung, die von einem dominanten Paar angeführt wird – nur sie bekommen Nachwuchs. Die übrigen Rudelmitglieder sind die älteren Geschwister, die dem Paar bei der Aufzucht der Jungen helfen. Da Wölfe gemeinsam jagen, können sie Beutetiere töten, die viel größer sind als sie selbst. Mit der höheren Zahl möglicher Beutetiere verbessert sich die Überlebenschance des Rudels. Die Rudelmitglieder markieren die Grenze ihres Reviers mit Duftmarken und heulen als Signal für andere Rudel.

Bienen leben, wie die verwandten Ameisen und Termiten, in Staaten von bis zu 80.000 Individuen. In diesen hoch organisierten Gruppen legt nur die Königin Eier und produziert damit alle Nachkommen. Alle übrigen Mitglieder des Staates erledigen genau definierte Aufgaben, sodass ein Bienenstaat fast wie ein Gesamtorganismus funktioniert.

Die **Portugiesische Galeere** sieht zwar aus wie ein Einzeltier, ist aber eine Kolonie aus einzelnen Polypen. Jeder der Polypen übernimmt bestimmte Aufgaben: Nahrung aufnehmen, verdauen oder Fortpflanzung. Andere bilden die Gasblase, mit der die Kolonie im Wasser schwebt.

Alle zwei Jahre kehrt ein **Wanderalbatros** an seinen Nistplatz zurück, nachdem er monatelang über das Meer geflogen ist. Dort findet er mit seinem guten Geruchssinn unter Hunderten anderer Albatrosse seinen Partner heraus. Obwohl Albatrosse lebenslang zusammenbleiben, leben sie nur in der Paarungszeit zusammen. Sie ziehen in mehr als neun Monaten ein Junges auf, dann trennen sich ihre Wege wieder.

61

FANTASTISCHE FISCHE

VOR RUND 500 MILLIONEN JAHREN ER-
SCHIENEN DIE ERSTEN WIRBELTIERE AUF
DER ERDE – DIE FISCHE.

- Fische bilden keine natürliche Verwandtschafts-
gruppe. Manche sind näher mit anderen Wirbeltieren verwandt als mit anderen Fischen.
- Auf der Erde leben über 30.000 Fischarten, die
sich in Größe und Form stark unterscheiden –
von den winzigen Elritzen bis zu den riesigen, über
15 m langen Walhaien.
- Fische besiedeln viele Lebensräume, von Gebirgs-
bächen bis zu Tiefseegräben im Ozean. Lachse und
andere Arten wandern zwischen Salz- und Süßwasser hin und her.

- Die lebenden Fische sind in vier Hauptgruppen
gegliedert: Kieferlose (Inger und Neunaugen),
Knorpelfische (Haie und Rochen), Strahlen-
flosser (die typischen Knochenfische und größte
Gruppe) und Fleischflosser.
- Alle Fische sind wechselwarm; ihre Körpertem-
peratur passt sich der Außentemperatur an.
- Fische atmen durch Kiemen, die den Sauerstoff
aus dem Wasser aufnehmen.
- Fast alle Fische sind stromlinienförmig und werden
von der Schwanzflosse vorangetrieben; mit den an-
deren Flossen steuern sie. Die Schuppen dienen als
Schutz. Aale und Neunaugen haben eine feste Haut.
- Bis auf wenige Ausnahmen legen alle Fische Eier.

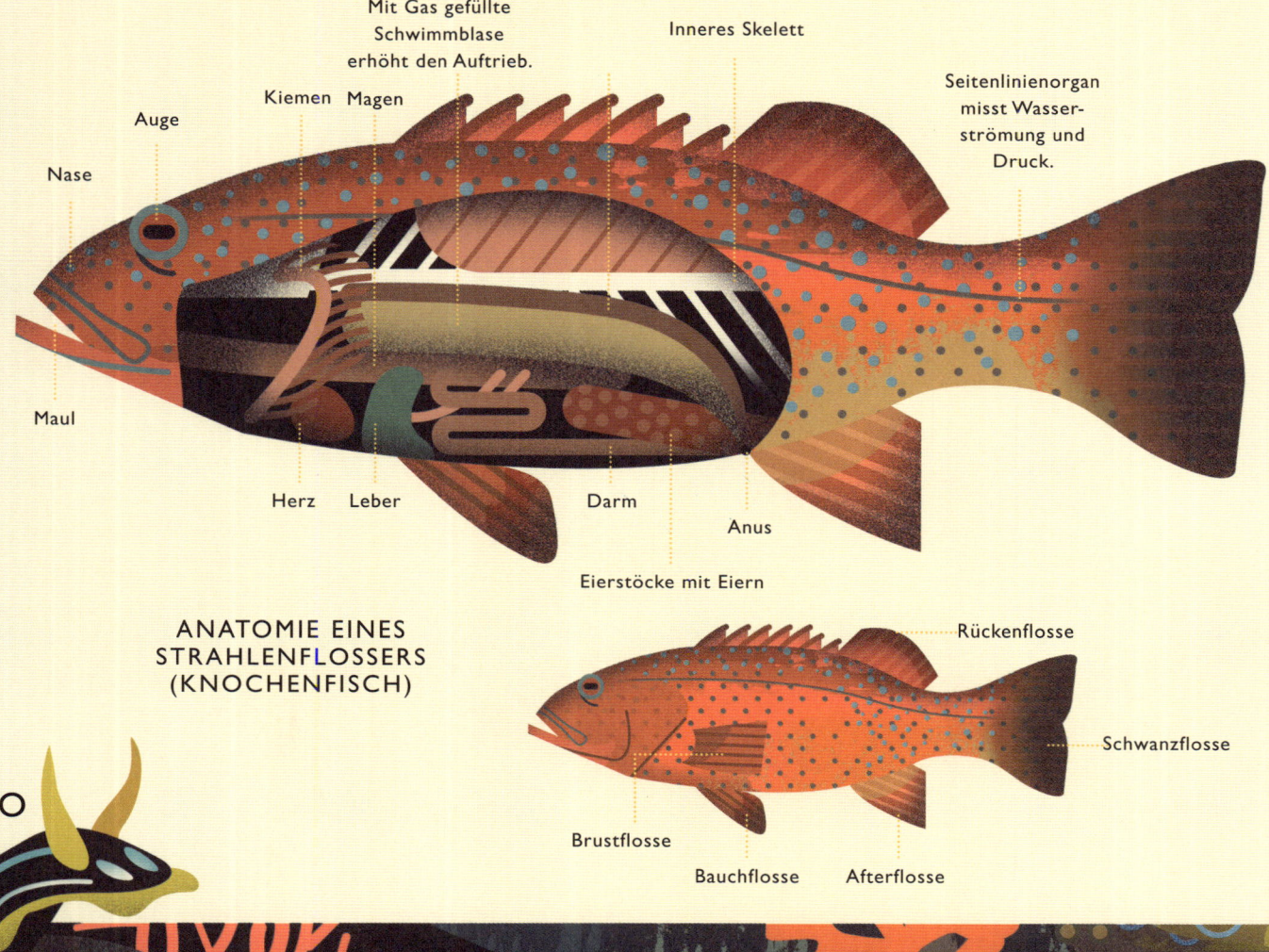

Mit Gas gefüllte
Schwimmblase
erhöht den Auftrieb.

Inneres Skelett

Seitenlinienorgan
misst Wasser-
strömung und
Druck.

Auge

Kiemen   Magen

Nase

Maul

Herz   Leber

Darm

Anus

Eierstöcke mit Eiern

ANATOMIE EINES
STRAHLENFLOSSERS
(KNOCHENFISCH)

Rückenflosse

Schwanzflosse

Brustflosse

Bauchflosse   Afterflosse

DAS LEBENDE RIFF

Nirgendwo auf der Erde leben mehr Fischarten als in Korallenriffen, dem „Regenwald unter Wasser". Sie bestehen aus dem Kalkskelett von Milliarden winziger Korallenpolypen und sind in allen warmen, flachen Meeren der Erde die Heimat von Tausenden unterschiedlicher Tierarten. Das größte dieser Riffe ist das Große Barriereriff vor der Küste Australiens. Es ist mit 2000 km Länge die größte, von Tieren gebaute Struktur und sogar aus dem Weltraum sichtbar.

LEGENDE ZU DEN ARTEN

A **Riffhai**
B **Engelfisch**
C **Grüne Meeresschild-
  kröte**
D **Falterfisch**
E **Seeschlange**
F **Dugong**
G **Doktorfisch**
H **Clownfisch**
I **Muräne**
J **Papageifisch**
K **Würfelqualle**
L **Seestern**
M **Dornenkronensee-
  stern**
N **Seeanemone**
O **Meeresnacktschnecke**
P **Blaugeringelter
  Oktopus**
Q **Rotfeuerfisch**
R **Kegelschnecke**
S **Schwamm**
T **Zapfenschwamm**
U **Seepferdchen**
V **Drückerfisch**
W **Koralle**

3

IDEALE PARTNER

DER CLOWNFISCH UND DIE SEEANEMONE SIND
EIN GUTES BEISPIEL FÜR EINE SYMBIOSE: Partner aus
unterschiedlichen Tiergruppen schließen sich zu einer
Gemeinschaft zusammen, die für beide vorteilhaft ist.

- Die giftigen Nesselkapseln in den Tentakeln der Seeanemone schützen den Clownfisch, seine Eier und
Jungen vor Angreifern. Eine Schleimschicht macht
den Fisch immun gegen das Nesselgift.

- Der Clownfisch frisst die Überreste der See-
anemonen-Beute.
- Der Clownfisch verteidigt die Seeanemonen
gegen bestimmte Raubfische und frisst Parasiten.
Die Seeanemone nutzt den Stickstoff aus seinem
Kot, um neue Tentakel zu bilden und Schäden zu
reparieren.

WIRBELLOSE MEERESTIERE

ETWA 97 % ALLER BEKANNTEN TIERE GEHÖREN ZU DEN WIRBELLOSEN. Sehr viele davon leben im Meer, von winzigen Garnelen bis zu Riesenkalmaren, von bunten Korallen zu stacheligen Seeigeln. Arten mit weichen Körpern mussten raffinierte Strategien entwickeln, um sich gegen Fressfeinde zu verteidigen. Krabben, Hummer und Garnelen haben, ähnlich wie die an Land lebenden Insekten, ein schützendes Außenskelett.

NESSELTIERE

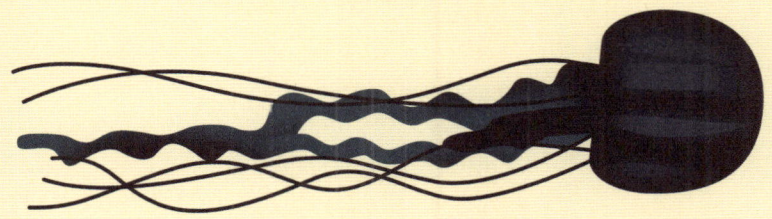

Seeanemonen, Quallen und Korallen sind Nesseltiere (Cnidaria). Sie haben einen hohlen, glockenförmigen Körper mit einer zentralen Mundöffnung. Die empfindlichen Tentakel um den Mund sind mit Nesselkapseln besetzt, die giftige Pfeile auf alles abschießen, was sie berührt.

KREBSTIERE

Im Meer leben Hummer, Krabben, Garnelen und andere Krebstiere. Ihren weichen Körper schützt ein harter Panzer (Außenskelett) aus Kalk. Viele Arten haben ein Paar Scheren, um Nahrung zu packen und sich zu verteidigen. Bei einigen Arten trägt der Panzer spitze Stacheln.

STACHELHÄUTER

Seesterne, Seeigel und Seegurken gehören zu den Stachelhäutern. Viele Teile ihres Körpers, auch die Mundöffnung, sind fünfstrahlig symmetrisch. Da die spitzen Stacheln der Seeigel leicht abbrechen, bleiben sie im Körper von Angreifern stecken. Seesterne öffnen mit den Armen Muschelschalen – abgebissene Arme wachsen wieder nach.

WEICHTIERE

Im Meer lebt eine verblüffende Vielfalt von Weichtieren (Mollusken). Meeresschnecken ziehen sich beim ersten Anzeichen von Gefahr in ihre Häuser zurück. Arten wie die Kegelschnecken schießen Giftpfeile auf ihre Beute ab. Muscheln halten die mit einem Gelenk verbundenen Schalen mit kräftigen Muskeln geschlossen.

Meeresnacktschnecken gehören zu den farbenprächtigsten Tieren der Meere. Sie haben kein schützendes Gehäuse, aber die leuchtenden Farben und Muster sind ein Signal: In ihre Haut sind giftige Nesselkapseln eingelagert, die von ihrer wichtigsten Beute stammen, den Nesseltieren.

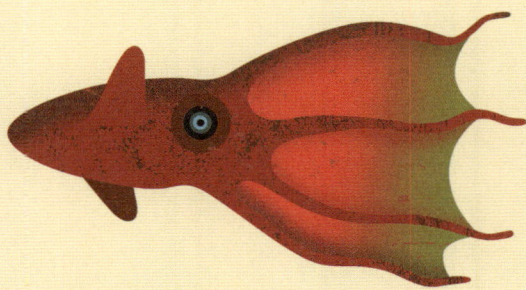

Zu den Kopffüßern gehören Kraken, Kalmare, Perlboote und Tintenfische. Viele Arten haben Tentakel (Arme) mit Saugnäpfen, um ihre Beute zu packen, und ein schnabelartiges Maul mit Giftbiss. Tintenfische besitzen einen Tintenbeutel, aus dem sie bei Gefahr einen schwarzen Farbstoff ins Wasser abgeben und verschwinden.

TIEFENZONEN DES MEERES

MEERE UND OZEANE BEDECKEN MEHR ALS DREI VIERTEL DER ERDOBERFLÄCHE UND ENTHALTEN 90 % DES WASSERS. Sie sind der größte Lebensraum unseres Planeten. Wissenschaftler vermuten, dass wir erst einen winzigen Teil davon erforscht haben. Wie auf dem Land gibt es auch im Meer mächtige Berge, riesige Täler, aktive Vulkane und weite, offene Ebenen.

Hier lebt eine größere Artenvielfalt als in jedem anderen Lebensraum und hier entstand vor Milliarden von Jahren das erste Leben.
In jeder Zone des Meeres – von der sonnigen, obersten Schicht bis zur dunklen Tiefsee in vielen Tausend Meter Tiefe – gibt es Leben.

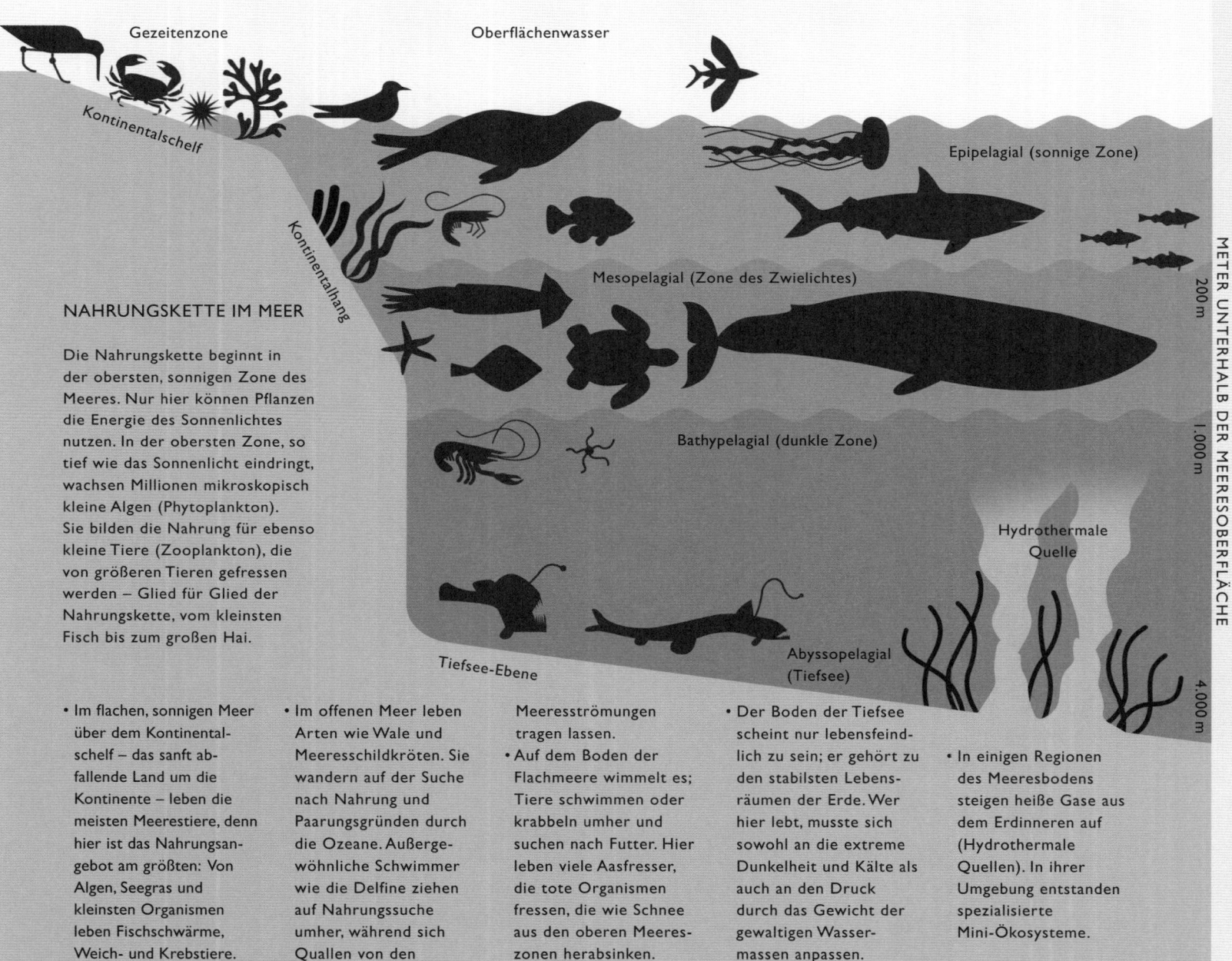

Gezeitenzone

Oberflächenwasser

Kontinentalschelf

Kontinentalhang

Epipelagial (sonnige Zone)

Mesopelagial (Zone des Zwielichtes)

Bathypelagial (dunkle Zone)

Hydrothermale Quelle

Tiefsee-Ebene

Abyssopelagial (Tiefsee)

METER UNTERHALB DER MEERESOBERFLÄCHE

200 m

1.000 m

4.000 m

NAHRUNGSKETTE IM MEER

Die Nahrungskette beginnt in der obersten, sonnigen Zone des Meeres. Nur hier können Pflanzen die Energie des Sonnenlichtes nutzen. In der obersten Zone, so tief wie das Sonnenlicht eindringt, wachsen Millionen mikroskopisch kleine Algen (Phytoplankton). Sie bilden die Nahrung für ebenso kleine Tiere (Zooplankton), die von größeren Tieren gefressen werden – Glied für Glied der Nahrungskette, vom kleinsten Fisch bis zum großen Hai.

- Im flachen, sonnigen Meer über dem Kontinentalschelf – das sanft abfallende Land um die Kontinente – leben die meisten Meerestiere, denn hier ist das Nahrungsangebot am größten: Von Algen, Seegras und kleinsten Organismen leben Fischschwärme, Weich- und Krebstiere.

- Im offenen Meer leben Arten wie Wale und Meeresschildkröten. Sie wandern auf der Suche nach Nahrung und Paarungsgründen durch die Ozeane. Außergewöhnliche Schwimmer wie die Delfine ziehen auf Nahrungssuche umher, während sich Quallen von den Meeresströmungen tragen lassen.
- Auf dem Boden der Flachmeere wimmelt es; Tiere schwimmen oder krabbeln umher und suchen nach Futter. Hier leben viele Aasfresser, die tote Organismen fressen, die wie Schnee aus den oberen Meereszonen herabsinken.

- Der Boden der Tiefsee scheint nur lebensfeindlich zu sein; er gehört zu den stabilsten Lebensräumen der Erde. Wer hier lebt, musste sich sowohl an die extreme Dunkelheit und Kälte als auch an den Druck durch das Gewicht der gewaltigen Wassermassen anpassen.

- In einigen Regionen des Meeresbodens steigen heiße Gase aus dem Erdinneren auf (Hydrothermale Quellen). In ihrer Umgebung entstanden spezialisierte Mini-Ökosysteme.

VIELE TAUSEND METER UNTER DER MEERES-
OBERFLÄCHE, IM DUNKLEN, EISKALTEN WASSER
DER TIEFSEE, LEBEN MERKWÜRDIG AUSSEHENDE
WESEN. Sie haben sich an einen kalten, pechschwarzen
Lebensraum angepasst, in dem ein Druck herrscht, der
jedes andere Tier zerquetschen würde.

WESEN AUS DER TIEFE

A **Sackmaulfische** zeichnen sich vor allem durch ihr riesiges Maul aus, das größer ist als ihr Körper. Da die Kiefer nur locker eingehängt sind, können sie Fische schlucken, die größer sind als sie selbst.

B **Bucklige Angler-fische** gehören zu den merkwürdigsten Wesen der Tiefsee; sie leben in 2000 m Tiefe in allen Meeren der Welt. An ihrem Kopf sitzt eine "Angel" mit einem selbst leuchtenden (biologisches Licht oder Biolumineszenz) Köder. Der Leuchtfleck im eisigen, pechschwarzen Wasser lockt Beutetiere an.

C **Tiefsee-Scheiben-bauch**. Diese Fischfamilie hält den Tiefenrekord aller Fische: Eine Art wurde bei einer Tauchexpedition im Marianengraben (Pazifischer Ozean) in 8000 m Meerestiefe entdeckt. Ihr bleicher, an Kaulquappen erin-nernder Körper ist fast durchsichtig.

D **Blobfische** warten dicht über dem Meeresboden, bis Futter vorbeitreibt. Ihr Körper ist geleeartig weich und besitzt praktisch keine Muskeln.

E **Vampirtintenfisch**. Fast der gesamte Kör-per dieser Tiefseetiere ist mit leuchtenden Zellen (Photophoren) bedeckt. Er kann damit Blitze erzeugen, die Fressfeinde verwirren und ablenken.

F **Tiefsee-Beilfische** sind kleine, beilförmige Fische mit zarten silbrigen Schuppen und Reihen leuchtender Punkte an der Körperflanke. Ihre enorm großen Augen nehmen selbst schwaches Licht wahr. Da die Augen nach oben sehen, erkennen sie die Umrisse von Fischen gegen das hellere Wasser der Oberfläche. Sie schließen sich häufig zu Schwärmen zusammen.

G **Röhren- oder Bart-würmer** leben in der Nähe hydrothermaler Quellen im Pazifik. Diese wirbellosen, bis 2 m langen Meerestiere haben keinen Verdauungstrakt, sondern leben mit Bakterien zusammen. Sie nehmen Sauerstoff, Wasserstoff, Schwefelverbindungen und Kohlendioxid aus dem Meerwasser auf und wandeln sie in organische Moleküle um. Rund um die Quellen existieren ganze Mini-Ökosysteme.

H **Krausenhaie** sind an das Leben in der Tiefsee angepasst. Sie haben einen aalartigen Körper und biegsame Kiefer, mit denen sie Weichtiere, aber auch Fische fressen. Die bis 2 m langen Haie gehören zu den ältesten Vertretern der Haie – ihre Vorfahren lebten schon vor 100 Mio. Jahren auf der Erde.

Natur im Brennpunkt

DER BLAUGERINGELTE OKTOPUS

DER BLAUGERINGELTE OKTOPUS IST EIN KOPFFÜSSER AUS DER ORDNUNG DER KRAKEN. Er ist klein, attraktiv und tödlich. Sein Giftbiss kann einen Menschen in weniger als 15 Minuten töten. Er kommt in den Korallenriffen des Pazifischen und Indischen Ozeans vor. Kraken leben seit 150 Millionen Jahren auf der Erde. Sie können die Farbe ändern und ihren Körper in kleinste Spalten des Riffs zwängen; in solchen Verstecken verbringen sie viel Zeit. Die Weibchen legen einmal im Leben etwa 50 Eier und sterben, nachdem die Jungen geschlüpft sind.

A **Chromatophoren** sind Hautzellen, die ihre Farbe ändern und den Oktopus perfekt tarnen. Sie erzeugen aber auch das Warnsignal (gelb mit blauen Ringen), um Fressfeinde abzuschrecken.
B Der **Hornschnabel** knackt die Panzer von Krebsen und Garnelen.
C **Zwei große Augen**. Er kann hervorragend sehen.
D **Großes Gehirn**. Kraken gehören zu den intelligentesten Wirbellosen.

E **Sipho**. Eine Röhre, die Wasser in die Mantelhöhle saugt und es ausstößt – Bewegung nach dem Rückstoßprinzip.
F **Körperhöhle** oder „Mantel".
G **Acht Arme** (Tentakel) mit je zwei Reihen Saugnäpfen. Ein verlorener Arm wächst binnen Wochen nach.
H Mit den **Saugnäpfen** packt der Oktopus seine Beute oder hält sich an Felsen fest.

SIGNALFARBEN

Wie der Blaugeringelte Oktopus zeigen viele Tiere ihren Fressfeinden mit Farben oder grellen Kontrasten an, dass sie giftig sind oder eklig schmecken. Solche Farben und Muster werden Signal- oder Warnfarben genannt. Besonders typische Signalfarben sind Rot, Gelb, Schwarz und Weiß. Je leuchtender und auffälliger das Tier damit aussieht, desto unangenehmer ist es.

Pfeilgiftfrosch

Monarchfalter

Stinktier

Korallenschlange

Marienkäfer

Feuersalamander

A Jakobs-Greiskraut
B Schmetterlings-
   raupe
C Ausgewachsener
   Schmetterling

Der Jakobskrautbär und seine Raupen warnen mit Signalfarben vor ihrem bitteren Geschmack. Er geht auf Chemikalien zurück, die aus ihrer Hauptnahrung stammen, dem Jakobs-Greiskraut.

CLEVERE BETRÜGER

Biene

Einige Tiere tragen Warnfarben, obwohl sie weder giftig sind noch sich mit Stacheln oder ekligem Geschmack wehren können. Sie ahmen aber Farben und Muster e ner wirklich gefährlichen Art nach. Diese Trick, sich vor Fressfeinden zu schützen, wird Bates'sche Mimikry genannt.

Schwebfliege

Die sogenannte Müller'sche Mimikry könnte erklären, warum unterschiedliche Arten dieselbe Signalfarbe zur Abwehr von Angreifern tragen.

Diese Käfer und Wanzen sind leuchtend rot-schwarz gefärbt und schmecken scheußlich. Ein Fressfeind, der zum ersten Mal ein derart gefärbtes Tier frisst, wird in Zukunft ähnlich aussehende Beute meiden.

Schaumzikade

Streifenwanze

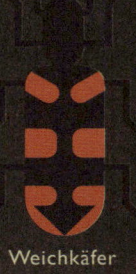

Weichkäfer

Feuerwanze

BATES'SCHE MIMIKRY

MÜLLER'SCHE MIMIKRY

DIE KUNST DER VERKLEIDUNG

Eine interessante Form der Tarnung in der Tierwelt ist die Verkleidung. Die Tiere verstecken sich nicht, sondern haben Farben, Formen und Körperhaltungen entwickelt, die sie wie unbelebte Objekte aussehen lassen. Räuberische Arten wie die Blattmantis machen sich „unsichtbar", um Beute zu fangen, doch die meisten Tiere tarnen sich, um nicht zur Beute eines Fressfeindes zu werden. Biologen nennen diese Form der Tarnung **Mimese**. Sie kommt besonders häufig bei Insekten vor, die mit merkwürdig geformten Flügeln, fleischigen Auswüchsen, Beulen und anderen Körperformen wie ein totes Blatt, Zweig, Dornen oder sogar Vogelkot aussehen.

LEGENDE ZU DEN ARTEN

A **Stabheuschrecken** erstarren vollständig, bis sie wie ein Zweig aussehen. Die größte Art ist über 56 cm lang.

B **Indisches Blatt**. Wenn dieser Schmetterling die Flügel zusammenlegt, sieht er wie ein abgestorbenes Blatt aus. In den meisten Fällen verhalten sich derart „verkleidete" Tiere vollständig ruhig, doch dieser Schmetterling treibt die Verkleidung noch weiter: Er schwankt leicht hin und her – wie ein totes Blatt, das der Wind bewegt.

C Der Körper der **Megalopygi-dae-Raupe** ist mit Haaren bedeckt; sie sehen aus wie Moos. Auch der Kokon der Puppe ist mit zahlreichen Stacheln und Fortsätzen sehr gut getarnt.

D Wenn mehrere **Buckelzirpen** nebeneinander sitzen, sehen sie aus wie Dornen auf einem Zweig.

E Wenn **Krabbenspinnen** ihre langen Beine unter dem Körper verstecken, sehen sie wie Vogelkot aus und werden nicht beachtet.

F Die **Blattmantis** lebt in tropischen Wäldern und sieht aus wie das Blatt einer Pflanze, auf der sie lebt. Andere Arten „verkleiden" sich als abgestorbene Blätter.

FALSCHE AUGEN

Einige Beutetiere, die den Angriff von Fressfeinden fürchten, setzen auf eine andere Form der Mimikry. Vor allem Insekten, die sich nicht aktiv verteidigen können, haben große Flecken, die wie Augen aussehen und ein großes, gefährliches Tier vortäuschen.

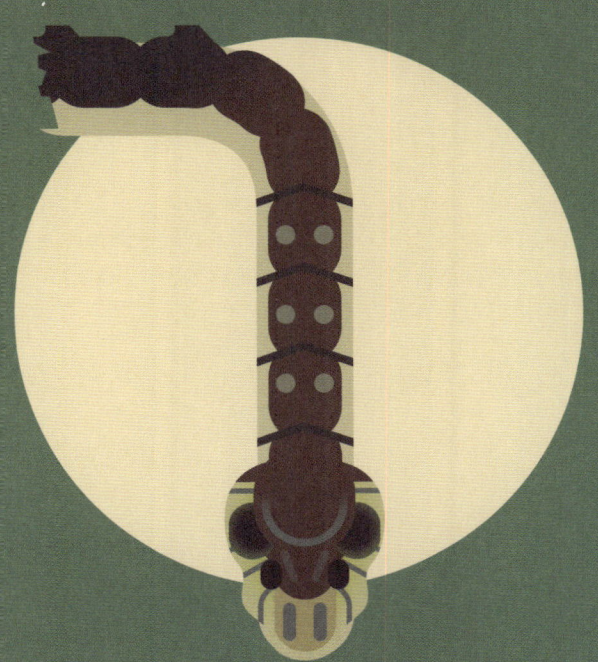

Die Raupe des **Weinschwärmers** kann den hinteren Teil ihres Körpers aufblähen, bis er wie eine Schlange aussieht – komplett mit Augen. Wenn sie dann das Hinterteil aufrichtet und auf den Angreifer zustößt, ist der „Schlangeneindruck" perfekt.

Mit den markanten Augenflecken auf seinen Hinterflügeln sieht das **Abendpfauenauge** wie der Kopf eines viel größeren Tieres aus, vor allem wenn der Nachtfalter wie hier mit dem Kopf nach unten sitzt. Ähnliche Augenflecke findet man bei vielen Raupen und Schmetterlingen.

E

D

F

SCHMETTERLINGE

SCHMETTERLINGE (ORDNUNG LEPIDOPTERA) GEHÖREN MIT ÜBER 165.000 ARTEN ZU DEN BEMERKENSWERTESTEN INSEKTEN DER ERDE. Ihre Flügel sind mit winzigen Schuppen bedeckt, die sich wie Dachziegel überdecken und leuchtende Farben und Muster bilden. Die Mundwerkzeuge sind zu einem langen, einrollbaren Rüssel umgewandelt, mit dem sie Nektar saugen. Alle Arten legen Eier, aus denen Raupen (Larven) schlüpfen. Wenn sie genug gefressen haben, spinnen sie einen Kokon, in dem sie sich in den ausgewachsenen Schmetterling verwandeln (Metamorphose).

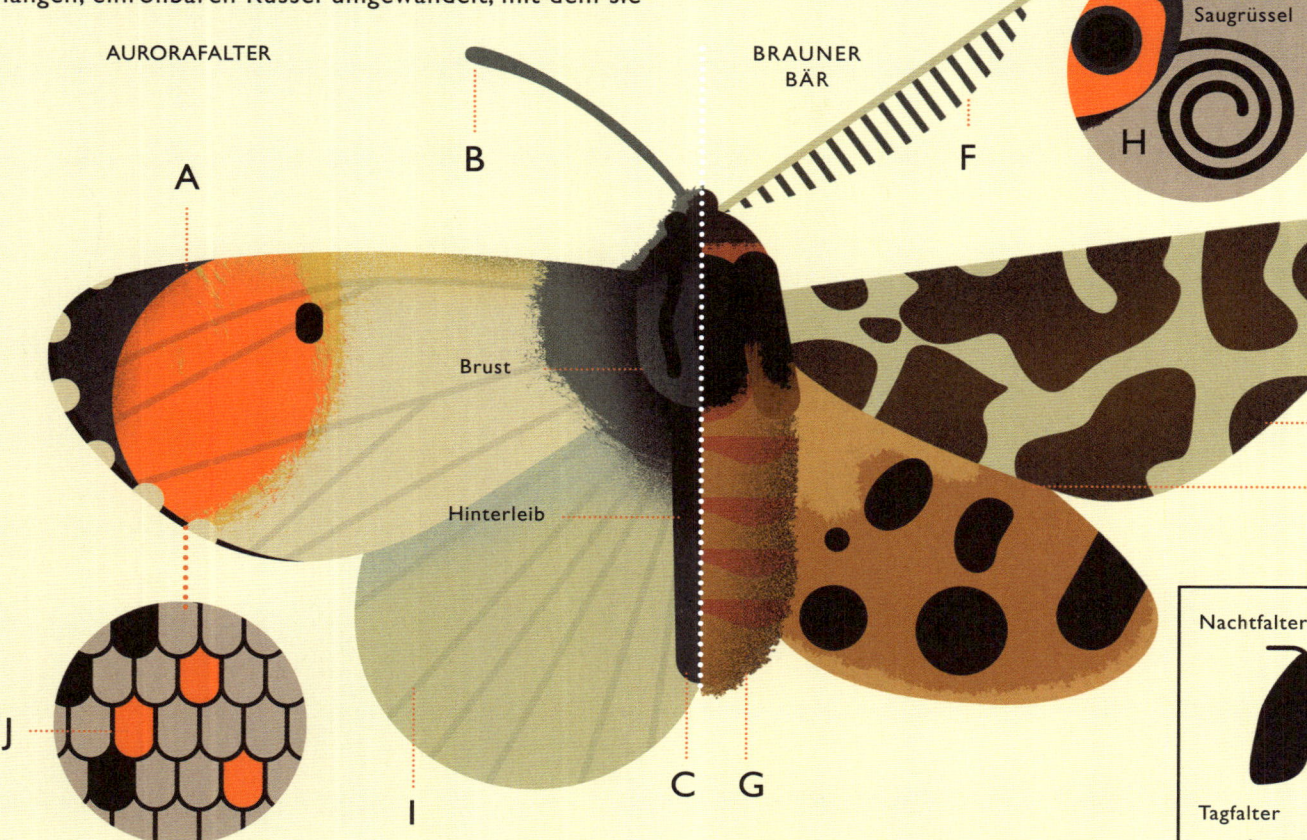

AURORAFALTER

BRAUNER BÄR

Saugrüssel

Brust

Hinterleib

Nachtfalter

Tagfalter

UNTERSCHIEDE ZWISCHEN TAGFALTERN UND NACHTFALTER

In der Regel sind die Tagfalter leuchtender gefärbt als Nachtfalter. Sie haben dünnere Fühler, die häufig mit einer Verdickung enden. Nachtfalter sind oft aber nicht zwingend nachtaktiv, in der Regel matt gefärbt und haben federartige Fühler.

TAGFALTER
A Flügel meist bunt gefärbt oder gemustert
B Fühler am Ende verdickt
C Glatter Hinterleib

NACHTFALTER
D Sie sind weniger bunt als Tagfalter. Sie tragen matte Farben, die der Tarnung dienen.

E Vorder- und Hinterflügel sind miteinander verklammert und oft länger und schmaler als bei Tagfaltern.
F Die federförmigen Fühler nehmen den Duft einer Partnerin noch über große Entfernungen wahr.
G Haariger Hinterleib.

BEIDE
H Saugrüssel, der nur zum Saugen ausgerollt wird
I Ein Netz von starren Adern stabilisiert die Flügel.
J Flügel mit winzigen, überlappenden Schuppen; sie enthalten Farbpigmente oder reflektieren farbiges Licht.

IN RUHE
Ruhende Tagfalter halten die Flügel aufrecht über ihren Hinterleib.
• Die Unterseite der Flügel ist zur Tarnung meist matt gefärbt.
• Ruhende Nachtfalter legen die Flügel flach über den Rücken oder lassen sie offen.

TAGFALTER

Odysseusfalter

Monarchfalter

Vogelfalter

C-Falter

Himmelsfalter

Trauermantel

Zitronenfalter

Tagpfauenauge

NACHTFALTER

Glasflügler

Abendpfauenauge

Actias luna

Jakobskrautbär

Hornissen-
Glasflügler

Eichenspinner

Atlasspinner

Birkenspanner

49

ZWEI LEBEN IN EINEM

LEBENSZYKLUS EINES SCHMETTERLINGS

MANCHE TIERE DURCHLAUFEN IN IHREM LEBEN EINE **METAMORPHOSE**, IN DER SIE IHRE FORM GRUND-LEGEND VERÄNDERN. Diese Veränderung kann kontinuierlich oder in einem bestimmten Lebensalter plötzlich geschehen. Tiere mit einem „zweifachen" Leben nutzen das Futterange-bot besser, leben manchmal in mehr als einem Habitat und verbessern damit ihre Überlebenschancen.

Schmetterlinge und viele andere Insekten durchlaufen eine voll-kommene Metamorphose: Aus dem Ei schlüpft eine Larve (Raupe, Made), die sich während eines Ruhestadiums (Puppe) in das ausgewachsene Tier verwandelt. Innerhalb der Puppenhülle (Kokon) wird der Larvenkörper eingeschmolzen und zum erwachsenen Tier umgewandelt.

A Die Eier werden oft auf die Unterseite von Blättern geklebt.
B Raupen fressen Pflanzen.
C Puppe
D Schlüpfende Schmetterlinge sind noch feucht.
E Ausgewachsene Schmetterlinge (Imagines) trinken Nektar.

Libellen, Heuschrecken und Wanzen durchlaufen eine **all-mähliche Metamorphose**.
• Die Jungen (Nymphen) sehen schon aus wie kleine Imagos.
• Mit jeder Häutung verändert sich ihr Ausse-hen, bis sie nach der letzten Häutung voll entwickelte Flügel haben und zum ausgewachsenen Insekt geworden sind.

A Eier werden ins Wasser gelegt.
B Nymphen brauchen bis vier Jahre, bis sie ausgewachsen sind.
C Ausgewachsene Libelle

LEBENSZYKLUS EINER LIBELLE

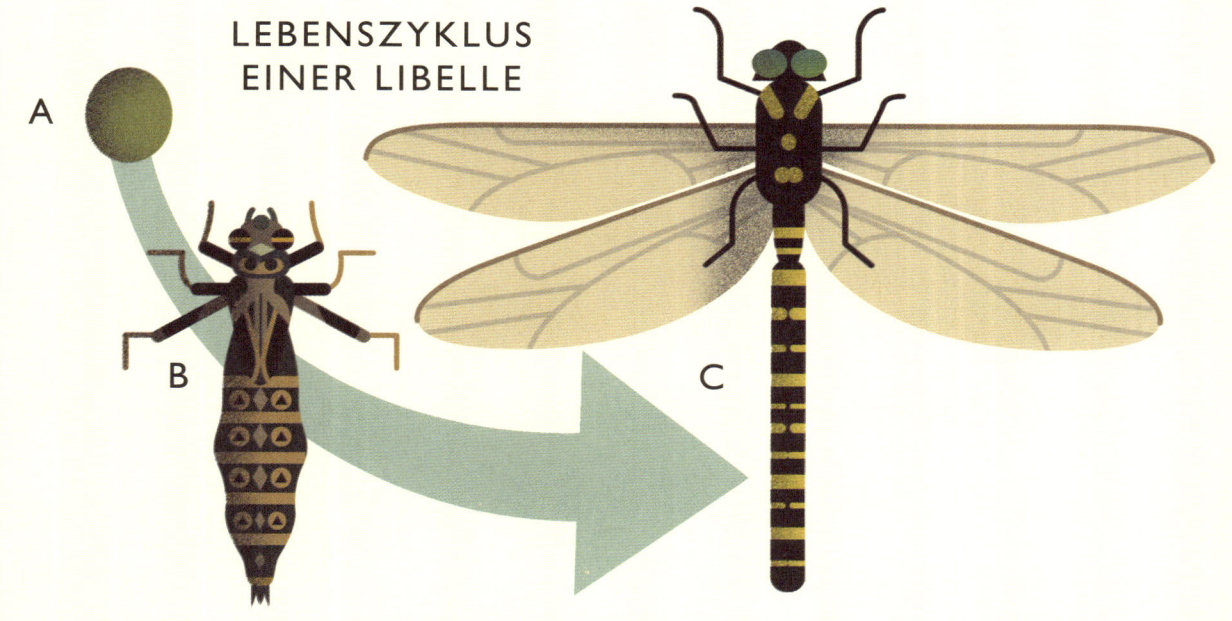

Auch manche Krebstiere, Stachelhäuter, Amphibien und andere Wassertiere durchlaufen eine Metamorphose. Grasfrösche legen ihre Eier als Laich im Wasser ab. Daraus schlüpfen die Kaulquappen. Sie verwandeln sich innerhalb einiger Wochen in Frösche mit Beinen und Lungen, die an Land leben können.

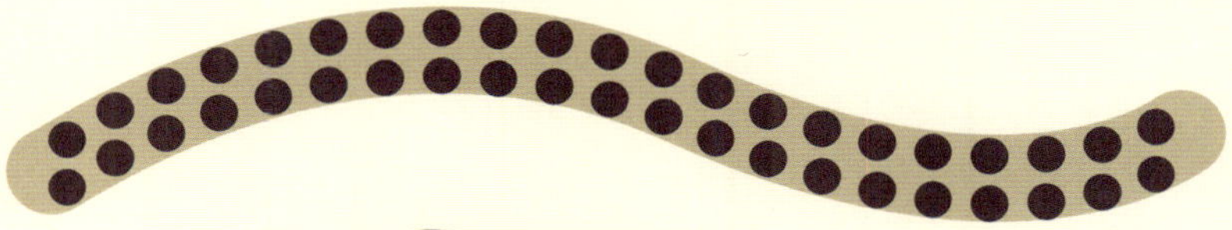

Erdkröten legen ihren Laich in Schnüren ab.

LEBENSZYKLUS EINES FROSCHES

Laich in Klumpen

Embryo im Ei

Frisch geschlüpfte Kaulquappe

1 Woche alt

8 Wochen alt

11 Wochen alt

Ausgewachsener Grasfrosch

LEBENSZYKLUS EINER KRABBE

Bis zum ausgewachsenen Tier durchlaufen Krabben mehrere Larvenstadien.
• Früher hielt man die Zoëa-Larve für eine eigene Tierart.

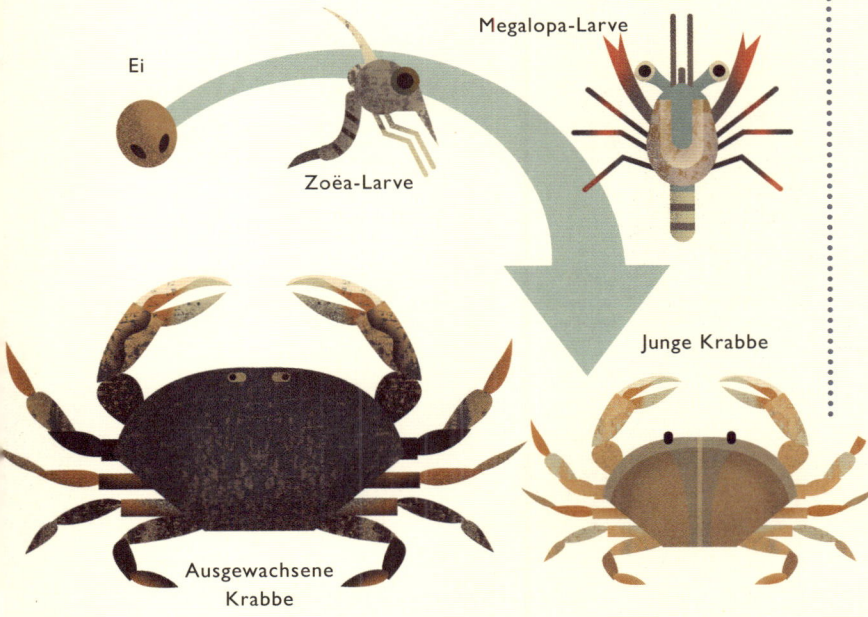

Ei

Zoëa-Larve

Megalopa-Larve

Junge Krabbe

Ausgewachsene Krabbe

AXOLOTL

Der merkwürdige Axolotl ist ein Salamander, der seine Metamorphose nicht zu Ende bringt – er bleibt lebenslang ein Jungtier.
• Er verwandelt sich nur dann in ein erwachsenes Tier, wenn sein Lebensraum austrocknet.
• Wie alle Salamander kann er durch Verletzungen verlorene Körperteile wie Beine, sogar Augen ersetzen.

Kiemen

ÜBERLEBEN IM WECHSEL
DER JAHRESZEITEN

IN EINEM LANGEN, KALTEN WINTER AUSREICHEND NAHRUNG ZU FINDEN, IST EINE HERAUSFORDERUNG. Daher **wandern** manche Tierarten große Strecken in Regionen mit besserem Futterangebot. Andere fallen in einen **Winterschlaf** – sie warten in Nestern oder Höhlen auf den wärmeren Frühling. Im Winterschlaf sinkt die Körpertemperatur und alle Funktionen des Körpers werden verlangsamt.

Wie diese **Schwarzbärin** und ihre Jungen bereiten sich viele Tiere auf den Winterschlaf vor: Sie fressen sich einen Energievorrat in Form eines Fettpolsters an. Andere Tiere legen echte Vorratskammern mit Nüssen oder Samen an, wo sie auch in den mageren Wintermonaten Futter finden. Säugetieren wächst vor dem Winterschlaf ein dichteres Fell, das sie wärmer hält. Viele Insekten überwintern als Puppe und schlüpfen im warmen Frühling als Imagos.

Der Winterschlaf dauert je nach Tierart und den äußeren Bedingungen Tage, Wochen oder Monate. Manche Tiere wachen regelmäßig auf, laufen herum, um ihren Körper wieder aufzuwärmen, bedienen sich aus ihren Vorratskammern und legen sich wieder zum Schlafen hin. Auch Pflanzen reagieren auf den Wechsel der Jahreszeiten. Bäume werfen ihre Blätter ab, da bei Kälte, schwächerem Licht und Wassermangel Fotosynthese nur eingeschränkt möglich wäre. Die zarteren Kräuter und Blumen vertragen die Kälte nicht; nur ihre Wurzeln überleben im Boden.

In Regionen mit sehr heißen Jahreszeiten fallen manche Tiere in einen **Sommerschlaf**. Bestimmte Frösche graben sich mit einem Wasservorrat in den Wüstenboden ein. Sie umgeben sich mit einem hautartigen Kokon, in dem sie feucht bleiben. In diesem Zustand können sie bis acht Monate lang überleben.

B

C

D

LEGENDE ZU DEN ARTEN

A **Schwarzbär**. Die Bärin bringt, ähnlich wie andere Bärenarten, ihre Jungen während des Winterschlafs zur Welt. Sie wurde zwar schon früher befruchtet, aber die Embryonen beginnen erst mit Beginn des Winterschlafs zu wachsen. Die Jungen bleiben bis zur Schnee-schmelze im Frühling mit der Mutter in der Höhle. Bis dahin verliert sie die Hälfte ihres Körpergewichtes.

B **Monarchfalter**. Viele Insekten überstehen den Winter in Kältestarre; manchmal zusammen mit vielen Hundert Artgenossen. Bei den Monarchfaltern ist diese Ruhephase an eine jährliche Wanderung gebunden: Sie versammeln sich in Bäumen, Höhlen oder an geschützten Orten.

C **Fledermäuse**. Wenn die Insektenbeute knapp wird, ziehen sich Fledermäuse in kalten Regionen oder im Gebirge zum Winterschlaf in Höhlen, hohle Bäume oder verlassene Gebäude zurück. Dort hängen sie dicht an dicht wie Fellkugeln an der Decke.

D **Schnecken**. Einige Arten ziehen sich bei großer Kälte oder extremer Trockenheit vollständig in ihre Häuser zurück. Um keine Feuchtigkeit zu verlieren, verschließen sie den Eingang dicht mit vertrocknendem Schleim.

E **Streifenhörnchen** legen sich, wie andere kleine Säugetiere, im Sommer Vorratslager mit Nüssen, Samen und Beeren an. Während des Winterschlafes wachen sie regelmäßig auf und holen sich Futter, um ihre Energievorräte aufzufüllen.

EWIGER
SCHNEE

ALPINE
RASEN

Reisen durch die Natur

AUF DEM DACH DER WELT

DER HIMALAJA WIRD OFT „DRITTER POL DER ERDE" GENANNT. Tausende von Gletschern und jährlicher Schneefall liefern das Wasser für die zehn größten Flüsse Asiens, die hier entspringen. Der Himalaja ist mit 1 500 km die längste Gebirgskette der Erde und wichtig für das Weltklima. Hier ragen neun der zehn höchsten Berge der Welt in den Himmel, mit dem Mount Everest sogar der höchste.

Von den schneebedeckten Gipfeln bis zu den üppigen, tiefer gelegenen Bergwäldern ist der Himalaja Heimat für eine artenreiche Tierwelt. Viele Arten kommen nur hier vor; auf den nächsten Seiten findest du mehr darüber.

A

B

C

D

E

F

G

H

I

VOLKEN-
ZONE

NADELWALD

LAUBWALD

HOCHLAND VON TIBET

WER LEBT HIER?

AUF EINER STRECKE VON NUR 2 KM STEIGT DER HIMALAJA AUF 8000 M AN. Die größte Gebirgskette der Erde ist in unterschiedliche Ökosysteme gegliedert, die sich fast vertikal übereinander anordnen. Die Pflanzen und Tiere der höchsten Hänge mussten sich an sinkende Temperaturen (um etwa 1°C je 150 m Höhe), geringen Sauerstoffgehalt der Luft, geringe Niederschläge, eisige Winde und extreme Sonnenstrahlung anpassen. Obwohl im ewigen Schnee kaum Pflanzen wachsen, leben auf dem Dach der Welt Tiere, die hier jagen, sich paaren und ihre Jungen aufziehen.

8844,43 m — GIPFEL
Gletscher
5600 m
4800 m — Ewiger Schnee
4200 m — Alpine Steppe — Hochland von Tibet
3800 m — Alpine Rasen — Baumgrenze
3100 m — Subalpine Strauchzone — WOLKENZONE
Nadelwald
1600 m
Laubwald

GEBIRGSPFLANZEN
Mit steigender Höhe verändert sich der Pflanzenwuchs. Im Himalaja werden die subtropischen Wälder von Laubwäldern abgelöst. Mit zunehmender Höhe folgen dichte Nadelwälder bis zur Baumgrenze; darüber ist es zu kalt und zu trocken für Bäume.
• Die Wälder der Wolkenzone sind ständig von Nebel eingehüllt. Auf den Ästen wachsen Orchideen, Lebermoose, Moose und Flechten.
• Über den Wolken ist die Strahlung sehr hoch; es kann sehr kalt und trocken sein. In dieser Zone wachsen Fetthennen und andere wasserspeichernde Pflanzen.
• In der Zone des ewigen Schnees bilden Flechten und Moose die wichtigste Nahrung für grasende Yaks.
• Im tibetischen Hochland ruhen sich Schwärme von Zugvögeln aus.

A **Isabellbären** sind eine Unterart des Braunbären. Ihr wolliges Fell hält sie auch in der Höhe warm; sie halten Winterschlaf.

B Das Fell der **Yaks** ist so dicht und verfilzt, dass sie noch bei -40°C überleben können. Wenn sie kein anderes Futter finden, weiden sie Moose und Flechten ab und „trinken" Schnee.

C **Schneeleoparden** sind Raubtiere, die im Sommer oberhalb der Baumgrenze jagen. Gut getarnt durch das gefleckte Fell pirschen sie sich lautlos an Yak-Kälber, Argalis und andere kleine Tiere an.

D Der ziegenähnliche **Himalaja-Thar** ist bestens an das Leben auf steilen Felshängen angepasst; er klettert und springt mit Leichtigkeit. Im Winter zieht er wie viele Säugetiere in die tiefer gelegenen Wälder.

E Die **Streifengänse** gehören zu den Vögeln, die am höchsten fliegen. Sie ziehen im Sommer über den Himalaja und brüten im Hochland von Tibet.

F **Apollofalter** leben in vielen Gebirgen der Erde, in Höhen von 3500 m.

G Das **Blauschaf** oder **Bharal** bewegt sich äußerst gewandt, grast aber bevorzugt auf den alpinen Wiesen.

H **Himalaja-Murmeltiere** graben tiefe Erdhöhlen in die alpinen Wiesen. Darin ziehen sich die Kolonien zum Winterschlaf zurück.

I **Himalaja-Wölfe** sind eine Unterart des Wolfes.

Die geschickten Jäger lauschen auf die Geräusche von Murmeltieren und greifen an, wenn sie den Bau verlassen.

J **Pfeifhasen** leben im Hochland von Tibet. Sie sammeln im Sommer Pflanzen und lagern sie als Vorrat für den Winter.

K **Markhor**. Im Winter ziehen die Markhors aus den alpinen Wiesen in die Wälder und fressen Blätter und Zweige. Das mächtige Horn der Böcke wird bis 1,60 m lang.

L Der **Himalaja-Glanzfasan** lebt gewöhnlich in Eichenwäldern. Der Hahn hat ein buntes Federkleid, die Henne ist matt braun gefärbt.

M **Schwarznarbenkröten** leben in den Bergwäldern und in der Strauchzone.

N **Schwarzhalskraniche** brüten im Hochland von Tibet; sie suchen täglich mehrere Stunden nach Futter.

O **Himalaja-Moschustiere** sind sehr gut ans Hochgebirge angepasst; die breiten Zehen geben auf steilen Hängen sicheren Halt.

P Der **Kleine Panda** ist ein kletterndes Tier, das die meiste Zeit in den gemäßigten Wäldern verbringt. Es zieht seine Jungen in einem mit Blättern gepolsterten Nest groß.

Q **Satyrtragopan**. In der Paarungszeit versuchen die Hähne, die Hennen mit „Hörnern" aus Federn und auffallend gefärbten Kehlfedern zu beeindrucken.

DAS LEBEN EINES BAUMSTAMMS

IRGENDWANN GEHT AUCH DAS LEBEN EINES BAUMES ZU ENDE. Vielleicht haben bohrende Käfer und andere Insekten dazu beigetragen, Spechte, die auf der Futtersuche Löcher in seine Rinde gehackt haben, oder Pilze, die sich im Stamm eingenistet und ihn geschwächt haben, bis er umstürzte.

Der tote Baum zieht nun andere Organismen an, die hier Nahrung und Schutz finden. Pilze siedeln sich auf dem verrottenden Stamm an, Tiere verstecken sich in seinem hohlen Kern und viele Wirbellose wühlen sich unter die Rinde – sie locken ihrerseits viele insektenfressende Tiere an.

Ein paar Jahre später ist der Baumstamm verschwunden, viele seiner Nährstoffe sind zurück im Boden und bilden die Grundlage für neues Pflanzenwachstum.

LEGENDE ZU DEN ARTEN

A **Assel**
B **Marienkäfer**
C **Ameisen und Larven**
D **Hallimasch**
E **Goldspecht**
F **Baumpilz**
G **Stachelschwein**
H **Regenwurm**
I **Eichenkeimling**
J **Tausendfüßer**

BILDTAFEL 67

DIE ERDE

EINE TIERART HAT DAS AUSSEHEN DER ERDE MEHR ALS JEDES ANDERE VERÄNDERT – *Homo sapiens*, der Mensch. Bis vor etwa 10.000 Jahren, als die Menschen den Ackerbau erfanden, zogen nur kleine Menschengruppen durch das weite Land. Sie jagten und sammelten nur das, was sie zum Überleben brauchten. Die knappe Nahrung sorgte dafür, dass die Zahl der Menschen gering blieb. Seit es Ackerbau gibt, hat sich die Zahl der Menschen enorm vergrößert: In den letzten 200 Jahren stieg sie von 1 Milliarde auf über 7 Milliarden an. Diese große Zahl verändert immer stärker die Natur der Erde.

Wir sind nicht die einzigen Lebewesen, die ihre Umwelt verändern, aber

VERÄNDERT SICH

kein anderes Tier geht derart gründlich und großflächig vor. Dank unserer Intelligenz und unseres Erfindungsreichtums konnten wir alle Klimazonen und Lebensräume erobern und verändern immer größere Flächen der Landschaft.

Damit konkurrieren wir mit anderen Lebewesen um Raum und Ressourcen, wir verschmutzen Land, Luft und Wasser. Manche Tiere haben sich an uns angepasst und leben mit uns, andere müssen um ihr Überleben kämpfen.

Homo sapiens bedeutet „vernunftbegabter Mensch" und viele von uns suchen nach Wegen, um die Natur der Erde, die unglaublichen Lebensräume und Lebewesen unserer „Heimat" für die zukünftigen Generationen zu bewahren.

Register